不思議なほど当たりすぎる心理テスト

中嶋真澄

三笠書房

不思議な不思議な、心の世界。

ドアを開けて
足を踏み入れれば、

あなたの真実と、
あの人の〝秘密〟に
出会えるかもしれません。

はじめに……気になることの〝答え〟を教えてくれる50問

自分が一番わかっているつもりで、
実はよくわかっていないものが、自分の心です。

ふだんは意識の底に眠っていて、
なかなか表に浮かんでこない、私たちの心。
そこで、心理テストの登場です。

「こんなとき、どうする？」
「こんな場面で、どう感じる？」
そんな簡単な問いかけに答えるだけで、
あなたの心の奥の姿が、手にとるように浮かび上がります。

心理テストは、深層心理にもとづくもの。
意識していることも、意識していないことも、
驚くほど明らかに映し出します。

自分の「本当の気持ち」に触《ふ》れたいとき。
あの人との〝心の距離〟を確かめたいとき。
恋・仕事・人との関係……で、気になることがあるとき。
未来がどうなるのか、ヒントがほしいとき。

そんなとき、本書の50問が、
きっと〝答え〟を示してくれるはずです。

それでは、不思議な不思議な心の世界へ、
一緒に入り込んでいきましょう。

パーソナリティー研究家　中嶋真澄

◎もくじ

1章 「自分の心」も、「相手の心」も面白いほど見えてくる！

◆本当の気持ちがわかるのは、楽しくてちょっと怖い！

2章 その「恋」や「結婚」はどうなる？

◆あの人から「どう思われているか」まで、わかってしまう

3章

自分でも知らない「心の秘密」、すべて見通します

✦「心の奥の奥」には、こんな自分がいたなんて！

4章

仕事・夢・才能……「これからの人生」を予言！

◆深層心理は、あなたの「未来」も知っています

イラストレーション●あまえび

1章

「自分の心」も、「相手の心」も面白いほど見えてくる！

◆本当の気持ちがわかるのは、楽しくてちょっと怖い！

1
TEST

橋の向こうからくるのは、誰？

次のような状況をイメージしてみてください。
あなたの心に思い浮かぶのは誰ですか？
あなたが知っている人の名前を具体的に挙《あ》げてみてください。

A あなたが、渓谷《けいこく》の上にかかるつり橋を渡っていると、向こうから人がやってきました。
それは誰ですか？

B

川岸を散歩しているとき、
ふと目の前の橋を見上げると、
橋の欄干《らんかん》に身を乗り出して
川を眺めている人がいました。
それは誰ですか？

C

あなたは、幅広く堅牢《けんろう》な橋を
渡っています。
その橋の反対側を
歩いていったのは、誰ですか？

D

谷川にかかる丸木橋を
渡っています。
ちょうど真ん中まできたときに、
向こうからも人がやってきました。
それは誰ですか？

診断TEST 1

橋のシチュエーションから、あなたが
「その人をどう思っているか」がわかります

それぞれのシチュエーションで思い浮かべた人について、あなたがどう思っているかがわかります。

Ⓐで思い浮かべた人は……ドキドキする恋の相手

つり橋を渡っているときは、はらはらドキドキし心拍数《しんぱくすう》もあがります。そのドキドキは、生理的には、恋のときめきと同じ。好きな人を思い浮かべたり、その人を前にすると、胸のときめきを感じるものです。

あなたが思い浮かべた人は、ズバリ、あなたが好きな人。恋をしている相手、またはセクシャルな魅力を感じている相手です。

Ⓑで思い浮かべた人は……ちょっと不安定で、心配に思う人

橋の欄干から身を乗り出すと、危ない感じがしますね。ここで思い浮かべた人は、あなたがどこか危《あや》ういと感じている人。その人のことを、精神的に疲れているのかな、不安定なのかな、何か悩みを抱えているのかなと、気にとめているのではありませんか。実際、その人は何か思い悩んでいることがあるのかもしれません。

Ⓒで思い浮かべた人は……あまり「フィーリングが合わない」人

橋の反対側を歩くのは、すれ違いを意味しています。あなたが思い浮かべた相手は、ちょっと性格が合わないな、うまくコミュニケーションが図《はか》れないなと感じている人です。あるいは、なんとなく苦手意識を抱いている人かもしれません。あなたからすれば、その人は頑固《がんこ》で気持ちの通わないところがあるようにも感じられるのでしょう。

Ⓓで思い浮かべた人は……ひそかに「邪魔」と思っている人

丸木橋は一度に一人しか渡れません。目の前に立ちはだかる人は、邪魔な人です。あなたはその人のことを、内心では目障《めざわ》りだと感じているのでしょう。心の中で「どいて！」と叫びたい相手のようです。

2
TEST

元同級生が、SNS上で有名人になっていた！

かつての同級生が、ＳＮＳ（ソーシャル・ネットワーキング・サービス）で発信しているのを見つけました。

当時は、あまりぱっとしていなかった人ですが、現在のその人は〝盛《も》り〟（自分を実際以上に見せている）ではなくて、本当に活躍していてキラキラ輝いている様子。

知らなかったけど、ネットではかなりの有名人みたい。

それを見て、あなたのとった行動は？

Ⓐ 応援メッセージつきで、お友達リクエストを送る。

Ⓑ ひとまずお友達リクエストだけを送っておく。

Ⓒ その人のSNSを閉じて、今後はもう見ない。

Ⓓ 相手には知らせず、ひそかに過去の投稿までチェックする。

診断TEST 2

SNSで人とどうつながろうとしているかで、あなたが

「周囲から助けてもらえる人かどうか」がわかります

SNSは他人とつながる道具。あなたの周囲との関係性が丸見えになります。

Ⓐを選んだ人……自分から言わなくても、周囲に助けてもらえる

あなたは多くの人から好感を持たれやすい愛されキャラで、ちょっぴりお人好《よ》し。困っているときは、誰にも何も言わなくても周りの人がすぐ気づき、援助の手を差し伸べてくれるでしょう。経済的に困窮《こんきゅう》し、お金がなくなったとしても、必要なものは「使ってないのがうちにあるから」と誰かがどこかから調達してくれます。あなたにとっては周りの人とのつながりが、豊かな生活を送るためのリソース（資源）です。

Ⓑを選んだ人……「本当に親しい数人」が、頼りになる

あなたには、心を許せる友人・知人が何人かいることでしょう。ただ、困っていることがあってもやせ我慢しがちで、たとえ親しい人にでも、打ち明けられないので

は？「相談事がある」という形で、自分からヘルプサインを出したほうがいいでしょう。親しい間柄なら、打ち明けてくれるとうれしいと思うものです。

C を選んだ人……周りは「助けてあげたい」と思っているのに……

あなたは弱音を吐《は》ける友人があまりいないようです。困っているときも、誰にも相談できずに、悶々《もんもん》としていそう。周りの人は、あなたが困っているのを見かねて、助けてあげたいと思っていても、はねつけられるかもしれないと思い、言い出しかねているのかもしれません。もっと人を信じ、周りの人に心を開いてみましょう。

D を選んだ人……自ら、助けを拒絶していませんか

あなたは「自分は人の世話にはならない」と思っているようです。困っていることがあっても、自分の弱みをさらけ出すようで、それができないのです。弱みを見せると、付け込まれると思っているのではありませんか。しかし、全部を自分で背負っていこうとすると、どんなに頑張っても豊かになれない感じがつきまといます。困ったときは勇気を出して、周りの人に「助けて！」と言ってみましょう。

3
TEST

ホームパーティーの後の、たくさんの片づけ……

家に友達を大勢呼んで、ホームパーティーを開きました。

みんなが帰った後、
おもてなしで「ちょっと疲れたなあ」と思いながら
ソファに腰かけたあなた。

台所の流しには、料理をした後の鍋《なべ》や、汚れた食器などが
山のようにたまっています。
どうしますか?

Ⓐ もちろんすぐに洗って片づけ、
流しがピカピカになるまで
掃除する。

Ⓑ しばらく休んでから、
とりあえず汚れ物だけは
洗ってしまう。

Ⓒ これから片づける気になれなくて、
洗い物は明日の朝にする。

診断TEST 3

汚れた食器をいつ片づけるかということから、あなたの

「他人への寛容度」がわかります

自分の家で、他人が汚した食器。その食器をどう感じるか、すぐ片づけたいと思うかどうかで、他人にどれくらい寛容《かんよう》になれるかが見えてきます。

Ⓐを選んだ人……寛容度★　常に「なんで?」と周囲に怒ってない?

あなたは他人に対して許容度が低く、不寛容な人。他人の欠点や間違いが目についたとたん、イライラしがち。「いったいどうして、これくらいのことができないの」と、注意したくなるでしょう。

あなたが他人の欠点と見なすのは、自分はできているのに、他人が自分と同じようにできていないこと。しかし、あなたにできることが他の人にもできるとは限りません。また、あなたが気づいていないところで、他の人はあなたにできないことができているかもしれません。他人のいいところを見つけ、広い心で受け入れましょう。

Ｂを選んだ人……寛容度★★★　自分を守るために、他人も批判しない

あなたは他人に対してそれほど不寛容ではありません。「誰にでも欠点はあるし」と思っているのでしょう。他人の欠点や間違いが目についても、それを批判すると自分に批判が返ってきそうな気がします。だから、つい他人を批判してしまったときには、「いや、人のことは言えないんだけどね」と、予防線を張《は》るのでしょう。

自分にできることができない人もいるし、逆に他の人にできることで自分にできないこともあると、気づいている人です。

Ｃを選んだ人……寛容度★★★★★　ただし、自分にもルーズ！

あなたは、他人を許すも許さないも、そういうことにあまり関心がないようです。一見、寛容な人にも見えますが、それは自分に対して甘い態度からくるものなのかも。あなたは自分の欠点に対してもいいかげんなところがあって、「まっ、いいか」と思えてしまう人です。

でも、それぐらいのほうが、周りの人もあなた自身もラクなのかもしれません。ただ、他人の欠点に不寛容な人は、あなたの態度にイライラするでしょう。

TEST 4

質問に答えて、↓を追ってください

次の質問に、あなたの感覚によりぴったりくるほうを選んで、該当する番号に進んでください。

01：やらないわけにはいかないが、やりたくない仕事は……
先にやってさっさと終わらせる↓03
できるだけ先延ばしにする↓02

02：面白そうなセミナーに参加。座りたい席は……
なるべく前のほう↓05
端のほうか後ろのほう↓04

03：家でゆっくりしているとき、友人から急に「出て来ないか」と誘われたら……
急にはなかなか出られない↓05
面白そうな誘いなら行く↓06

04：家族や友人から、自分はあまり興味のない映画に誘われたら……
行かない、ことわる↓08
他に用事がなければ、行ってもいい↓07

05：無口な人と一日一緒に過ごすのは……
苦にならない↓08
ちょっと退屈↓09

06：尋ねられたことに対して答えを出すのには……
よく考えてからでないと答えられない↓09
そんなに時間はかからない↓10

07：人の話を黙って聞いているときは……
聞いているようでいて、聞いていないことが多い↓Ⓐ
話の矛盾《むじゅん》点やはっきりしない点が気になる↓11

08：ミーティングなどで意見が分かれた場合……
自分は「どっちでもいい」ということが多い↓11
自分の意見や考えはこうだと述べる↓12

09：友人から「頑張れば高収入になる仕事だから、やってみない」と誘われたら……
思わずやってみたくなる↓13
それほど関心は湧《わ》かない↓12

10：友達だと思っていた人から、信頼を裏切るようなことをされたら……
関係を断ち切る↓Ⓓ
一度会って話したい↓13

11‥頭の中に引き出しや迷路、スペースがあるという感覚は……
わかる↓B
わからない↓A

12‥社会的な問題や、いろんな物事について考えたとき……
正しい答えは一つだ↓C
何が正解かは決められない↓B

13‥自分が間違っていた、失敗したということがあると……
次のことをやる前にきっちり反省する↓C
早く忘れて次のことにとりかかる↓D

診断TEST 4 質問への答えから、あなたの「人を攻撃するときの態度」がわかります

どんな人の中にも攻撃性は潜《ひそ》んでいます。ただ、攻撃的衝動の表われ方は、人によって違います。あなたの場合はどうでしょうか？　診断してみましょう。

Ⓐを選んだ人……無言でじんわり抵抗をする、「受動攻撃」タイプ

温和で落ち着きがあり、ふだんは周囲とはなるべく、衝突を起こさないようにしているあなた。そんなあなたは、何かでへそを曲げると、相手の言うことに答えない、メールにも返事をしない、やるべきこともやらないという形をとります。頑固に、「ただ動かない」という手段で反抗するのです。それはまさに、受け身の攻撃です。

Ⓑを選んだ人……理屈で相手をやり込める、「理論武装」タイプ

ふだんは冷静さを保《たも》っているあなた。それゆえに、あなたが発する言葉は容赦《ようしゃ》なく人の心に突《つ》き刺《さ》さることがあるようです。自分では攻撃しているつもりがなくても、

相手からすれば「確かにその通り」と認めざるを得ないような理屈を展開し、徐々に相手を追い詰めてゆくでしょう。つまりあなたは、理屈という武器を身に着けた理論武装タイプ。それが冷たい氷の刃《やいば》のように、相手に突き刺さります。

Ⓒを選んだ人……ネチネチしつこく「個人攻撃」するタイプ

あなたは、怒ってはならないと、自分を抑圧《よくあつ》しているタイプ。ところが、抑え込まれた攻撃性は、ふつふつとくすぶる負《ふ》の情念となって噴出し、気に入らない個人に向かいます。そして、イライラとグチや文句を言うという形で、相手を執拗《しつよう》に責《せ》めさいなみます。自分ではそれが個人攻撃になっていることに、気づいていないのです。

Ⓓを選んだ人……正面から勢いよくぶつかっていく「先制攻撃」タイプ

あなたは、敵と見なした相手をストレートに攻撃するタイプ。相手をぎゃふんと言わせ、再起不能にしたいのです。自分に歯向かう人間、目障《ざわ》りなやつは皆、やっつけてしまいたい衝動にかられます。また、やられたらやり返すのがあなたのポリシー。自ら敵を作ってしまうところがあり、思わぬ相手から足を引っ張られる可能性も。

5
TEST

友人同士が、目の前で言い合いを始めた！

友人仲間みんなで集まって、宴会が始まりました。

宴もたけなわの頃、
その中の二人が言い争いを始め、
かなり険悪《けんあく》なムードに。

周りはシーン。
そんな中、あなたのとった態度は？

Ⓐ「まあまあ」と二人の仲を取り持つ。

Ⓑ「話変わるんだけどさあ」と場を盛り上げる。

Ⓒ黙ってスマホをチェックしている。

Ⓓトイレに行って、適当な時間に戻ってくる。

診断TEST 5

友人同士のトラブルへの対処から、あなたに対して
「周囲が残念に思っていること」がわかります

ストレスがかかったグループの中での対応から、あなたの集団内での役割と、いまいちうまく振る舞えていない面が見えてきます。

Ⓐを選んだ人……「誰にでもいい顔をする」から、仲良くなりきれない

あなたは、よく気がきき、親切な人と思われています。その一方、あなたが周囲に気くばりをすれば、みんなにいい顔をする八方美人と見なされ、誰かに対してほめ言葉を口にすれば、おべっか使いと思われてしまうことも。いい人だけど、ちょっと偽善者《ぎぜんしゃ》っぽいところが、心から人に親しみを持たれない「残念さ」になっているよう。

Ⓑを選んだ人……楽しい人なんだけど「ちょっと無責任」

あなたは明るく屈託《くったく》のない人で、みんなを明るい気持ちにさせてくれる、盛り上げ役と思われています。基本的には楽しい人ですが、思いつきでものを言い、面倒なこ

とは途中で投げ出すといった、責任感に乏《とぼ》しいところがあります。それで特に悪びれる様子も見せないので、「調子のいいやつ」と思われているでしょう。

Ⓒを選んだ人……信頼できるけど「気がきかない」ところが、おしい

あなたは周りの人と無用なトラブルを起こさない人。ただ、何かの予定をみんなで繰り合わせようというときも、たいした用事でもないのに「その日はダメ」と、前からの予定を優先するような融通《ゆうずう》のきかなさがあり、それがちょっと残念なところ。また、急ぎの用事にもすぐに返事を返さなかったりと、気がきかないところも。

Ⓓを選んだ人……要領はいいけど、「損得で行動」しているのがバレてる

あなたは人に迷惑をかけない人。基本的に、やるべきことはきちんとやり、自分に与えられた役割を果たします。行動面では周りの人たちから、ちゃんとやる人だからと信頼を得ているかもしれません。しかし、そうした行動の裏で、自分の利益を最優先に考えているので、薄々《うすうす》それに気づいた人からは、「うまくやっているなあ」「どこか信用ならないなあ」と思われているタイプの「残念な人」です。

6
TEST

知らない人と「ペアを組んでください」と言われて……

シェイプアップ効果抜群と噂《うわさ》の、体操教室に行ってみることに。

初めてのクラスで、
インストラクターからいきなり、
「二人一組になって、ペアを組んでください」
と言われました。

さて、それを聞いたあなたはどう感じ、
どう行動したでしょうか？

A すぐ近くの人とペアを組み、一緒にエクササイズするうちに仲良くなれて楽しかった。

B 初めは、知らない人とペアを組むことに戸惑いを感じたが、そのうち慣れてきた。

C 一瞬、「えっ？」と思って、ちょっと引いた。ペアを組まされるクラスには、今度から出たくないなと思った。

診断TEST 6

知らない人との距離のとり方から、あなたの

「人に対する思いやり」がわかります

他人との身体的な距離の近さや身体的接触は、通常、親密な関係において成り立つものです。他人との親密な距離について、どう感じるかということから、あなたの人に対する思いやりと思い込みの強さがわかります。

Aを選んだ人……思いやり満点！　でも、ときどきちょっとお節介？

人と親密な距離をとることに抵抗のないあなたは、他人を思いやる心があり、共感能力にも優《すぐ》れています。相手の気持ちを思って、気くばりを欠《か》かしません。

けれども、自分と他人の心の境界線があいまいになり、「自分は人にこうされるとうれしいから、きっと相手もうれしいはず」と思ってしまいがち。それが、独《ひと》りよがりの思い込みにすぎない場合があるようです。他人は自分とはまったく違う感じ方や考え方をしているかもしれないというところに、想像力を働かせてみるといいかもしれません。

Ｂを選んだ人……「思いやり」より「常識」を重視しがち？

人との距離のとり方に少し迷いを感じるあなたは、いつも自分と他人との心の距離を測《はか》っていて、これが常識かなというあたりで落としどころをつけようとします。ある程度、他人の気持ちを推《お》し量《はか》った上で、「普通はこう思うよね、それが常識だよね」と考えることで安心するのでしょう。それほど思い込みの強い人ではないですが、あまりに自分の感じ方や考え方からかけ離れた人がいると、相手のほうがおかしいと思ってしまいがち。常識よりも、思いやりの気持ちをより大切にしてください。

Ｃを選んだ人……相手によっては、「冷たい印象」を与えているかも

他人と身体が触れ合うような近さで接することに、抵抗を覚えるあなた。人とは親密になりすぎず、身体的にも心理的にも、ある程度の距離を保っていたい人。他人のことは詮索《せんさく》せず、思い込みでものを言うこともなさそうです。

ただ、人は人、自分は自分という感じで、見えない壁を作りがちです。共感能力や思いやりには少し欠けているかも。人との物理的な距離が、実際により親密な感情を生むことにもなります。もう少し自分から、相手に近づいてもいいかもしれません。

7
TEST

日帰りドライブ、どのルートで行く?

久しぶりの休日。行楽地までの日帰りドライブを計画しました。
どのルートを選びますか?

A もちろん、目的地までの最短距離となる高速道路

B かなり遠回りになるけど、途中の風景が美しい旧街道

C 少し遠回りだけど、統計的に事故が最も少ない一般道

診断TEST 7

行楽地へのルート選びから、あなたの「理想のパートナー」がわかります

行楽地までの道のりは、その先に楽しいことが待っていると期待されます。ルートの選び方から、あなたが「こんな生き方ができたらいいな」と思う憧れの対象がわかります。それはあなたが、人生を共にしたいと思っている理想の相手です。

Ⓐを選んだ人……ステイタスのある、キラキラ輝く人

あなたは成功した人生を送りたい人。ワンランク上のステイタスのある暮らしに憧れます。憧れの対象は脚光《きゃっこう》を浴《あ》びる経営者・起業家・ビジネスパーソン。カリスマ的手腕《しゅわん》を発揮し、リーダーシップに優れ、名実《めいじつ》共にトップの座につく人物です。そういう人こそ、あなたが理想のパートナーと思っている人です。

また、あなた自身にもその資質《ししつ》がありそうです。目標達成に向けて頑張れば、成功した人生を送れるでしょう。

Ⓑを選んだ人……趣味とセンスのよい、一芸をきわめた人

あなたはよい趣味を持ち、潤《うるお》いのある生活を送りたいと思っている人。憧れているのは、クリエイティブでオリジナルな創作活動に携《たずさ》わっている人。たとえば、作家や音楽家、芸術家、俳優、映画監督など、あなたが共感できる質のよい作品を作っている人物でしょう。あるいはそういう個性のある人こそ理想のパートナーと感じ、人生を共にしたいと思っているのでしょう。

また、あなた自身の中にも、そういった表現欲求が宿《やど》っているはずです。

Ⓒを選んだ人……家族を大事にし、周囲から信頼される人

あなたは安定した暮らしを求めている人。憧れているのは、指導者としてチームをまとめ、勝利に導く監督のような人物です。地位や権力はあっても、気さくに周りの人と関わり、いくつになっても皆から慕《した》われるタイプの人です。そういう人こそ、あなたが一緒に暮らしていきたい理想のパートナーなのでしょう。

また、あなた自身も家族や仲間を大切にし、チームワークを大切にし、皆から信頼を置かれるような人になれるでしょう。

8
TEST

カチンときた、友人の「慰めの言葉」

生活面でのトラブルがあり、どうしようと慌《あわ》ててしまったあなた。
事態は、抜き差しならない状態です。

そのとき、あなたの友人が、あなたを慰《なぐさ》めるつもりで声をかけてくれました。
でも、あなたにとっては、その友人の言葉はちっとも慰めにならず、
かえってイラッとしてしまいました。

友人はあなたにどんな言葉をかけたのでしょうか？

A
「だいじょうぶ、だいじょうぶ、
きっとうまくいくよ」

B
「それはまずいよ、かなりまずい。
なんとかしなきゃ。
どうしてこうなるまで
放っておいたの？」

C
「そんなに興奮しないで、冷静になって。
段取りを踏《ふ》んで、やるべきことを
きちんとやりましょう」

診断TEST 8
言われたくない友人の言葉から、あなたが「一番頼りにしたくない相手のタイプ」がわかります

友人のアドバイスの言葉にイラッとしたのは、その「問題対処の仕方」に納得がいっていないから。そんな人を、あなたは頼りにしたいとは思えないのです。

Ⓐを選んだ人……「テンションだけ高くて、無責任な人」はあてにならない

ポジティブな言葉がけをされるとイラッとするあなたは、調子のいい人が嫌いです。明るく社交的で、いつも活発に動き回っているようなタイプの人は、悪口は言いにくいけれど、自分勝手で無責任に思えて信用できないと感じているのでしょう。

もしかしたら、そういうタイプの人が、口ではいいことばかり言っているのを信用したにもかかわらず、途中で投げ出されたりして、迷惑をこうむったという体験があるのかもしれません。あなたがストレスをためないためには、そういう人とのつきあいは、軽く表面的にとどめておいたほうがよさそうです。

Ⓑを選んだ人……「配慮なく、ズケズケものを言う人」とは、話したくない

不都合な真実を突きつけられてイラッとするあなたは、遠慮のない人や空気の読めない人が嫌いです。自分はいつも周りの人のことを考え、常識は心得ているつもり。なのに人の気持ちも考えず、ズケズケものを言う人は、常識がない感じがするのでしょう。あなたが人に期待しているのは、耳に心地いい言葉なのかも。でもそれでは、表面的なつきあいはできても、深いつながりは持てません。親友と呼べるような人には、耳の痛いことも言ってもらえたほうがいいかもしれません。

Ⓒを選んだ人……「正論バカ」は、何の役にも立たない

冷静な態度で正論を言われるとイラッとするあなたは、どうやら理性的で賢《かしこ》い人が嫌いなようです。そういう人は優等生的で賢そうだけど、どこか上から目線な感じがして、自分が下に見られていると感じます。「正論」だけで世を渡ろうとするような人には、自分の気持ちがわかるはずがないと思うのでしょう。

あなたはもっと本音で話せて、バカなことも言い合える「悪友」のような人こそ、一番信頼できると感じているのでしょう。

9
TEST

ライバルの女性が着ていたドレスの色は？

出会いの場になっている素敵なパーティー。あなたも、おしゃれして出かけました。会場には、お互いに意識しライバル視し合う女性たちでいっぱい。その中でも、あなたが一番気になったのは、何色のドレスを着た女性だったでしょうか？

A 赤

B 青

C 黒

D 黄

診断TEST 9

どの色のドレスを着た女性を選んだかで、あなたが

「ひそかにライバル視している女性のタイプ」がわかります

「ライバル」は「理想の自分」と表裏一体です。実は深層心理では、あなた自身が、そういうライバル視する女性のようになりたいと思っているのです。

Ⓐを選んだ人……「周りより目立つ女性」がうらやましい!

あなたがライバル視しているのは、人目を惹《ひ》く魅力があって、外見だけではなく、周りの人が「すごいね!」と感心するような実力を持っている女性。あなたも本当は、そんなふうに勝ち気に物事に取り組み、注目を浴びる存在になりたいのです。でもその一方で、人にどう思われるかを気にして、自己主張をためらっているのでしょう。

Ⓑを選んだ人……「知的で品のある女性」に憧れるけど……

あなたがライバル視しているのは、育ちがよさそうに見え、ノーブルな気品を漂《ただよ》わせているような女性。でも、自分がそんなふうになるには欠点が多すぎると感じるの

でしょう。そこで、少しでも自分の理想に近い女性を見ると、その人がお高くとまっているように見えてしまい、なんとなく反発心を感じてしまうことがあるようです。

Ⓒを選んだ人……「自立した、個性的な生き方の女性」に気おくれ……

あなたがライバル視しているのは、周りの人からどう思われようと我が道を行く、ゴーイングマイウェイな女性。でも、自分はそこまで強くなく、人に何を言われようと貫《つらぬ》くだけのものがないと感じています。そのため、〝自分の世界〟を持っていそうな個性的な人たちの前では、つい気おくれしてしまうことがあるのでは？

Ⓓを選んだ人……「社交的で、誰からも好かれる女性」に本当はなりたい

あなたがひそかにライバル視しているのは、明るく楽天的で人好きがして、誰とでも会話が楽しめる女性。自由に好きなことをして、人生を楽しみつつ、周りの人ともうまくやっていけるタイプの人こそ、なりたい理想の自分なのです。でも、現実には何かしら不満があり、今のあなたは心から毎日を楽しめてはいないのかもしれません。

10
TEST

仕えるのが誇らしい「ご主人様」は？

あなたは、あるお屋敷に仕《つか》える執事です。
屋敷の主人はたいそう立派な人物で、
世間の人々からも尊敬されていました。

あなたはその主人のもとで、
執事として働けることを大変誇《ほこ》りに思っています。
さて、その主人はいったいどんな職業の人でしょうか？

A 政治家

B 軍人

C 学者

D 実業家

診断TEST 10

誇りとする主人像から、あなたの

「理想の父親像」がわかります

お屋敷の主人は権威《けんい》の象徴。そして、権威とは父親的なもの＝父性《ふせい》を表わします。

Ⓐを選んだ人……「男らしくて頼れる、温かいお父さん」が欲しい

包容力があり、頼れる父親が理想。度量が大きく、決断力・実行力があって、周りの人から頼られているような存在。ふだんあまり口うるさいことは言わず、いざというときは全力で家族全員を守ってくれる温かみのある父親です。反対に、気の小さい人や優柔不断な人、世間体を気にする人は、理想の父親からかけ離れています。

Ⓑを選んだ人……「強くて、立派で、スマートなお父さん」が欲しい

誠実でカッコよく、清潔感があり、人間的にまっすぐな人が、あなたにとっての理想の父親。精神的にも身体的にも自己鍛錬《たんれん》していて、強くて勇敢だけど威張《いば》り散らさず落ち着きのある人です。ルールを守り周りの人には礼儀正しく、一緒にいるところを人に見られて、誇りに思えるような人が理想です。逆に、気が弱いくせに威張り散らすような人は、理想の父親像からはかけ離れています。

Ⓒを選んだ人……「感情的にならない、対等に話せるお父さん」が欲しい

いつも冷静で、落ち着いていて、理性的で、物事を客観的に眺めることのできる人があなたにとっての理想の父親。自分の意見や主義主張を押しつけず、こちらの話にじっくり耳を傾《かたむ》けてくれ、納得のいくコミュニケーションが図れるような人こそ尊敬に値《あたい》します。感情的になって怒鳴ったり、がさつな態度をとる人は尊敬できません。

Ⓓを選んだ人……「自分を応援してくれる、財力あるお父さん」が欲しい

あなたの理想の父親は、世の中の常識やしきたりにとらわれず、新しいものを積極的に取り入れていく進取《しんしゅ》の気性のある人。子供の意思を尊重し、子供がチャレンジすることには支援をおしまず、経済的なサポートもしてくれる父親が理想です。しかも、それを恩に着せるような言い方をしない人なら、心から尊敬できます。逆に、たいした経済力もないのに威張っているような父親では尊敬できません。

TEST 11

「人間関係の輪」に名前を入れましょう

次の図の中で、Aに入るのがあなた自身です。

Bはあなたとごく近い人。あなたの身内です。

Cにはあなたとわりあい親しい人・友達が入ります。

Dは、Cの友達よりも距離は遠いけれど、SNSなどでつながっていて、ふだんはあまり連絡をしないけれど、連絡をとろうと思えばとれる関係の人。

Eは日常生活で顔見知り程度で、プライベートには関係のない人。

Eの外は、世間一般の人々のいる社会です。

思いつく人の名前を入れてみてください。

複数の人が思いつけば、なるべくそのすべての名前を挙げてください。

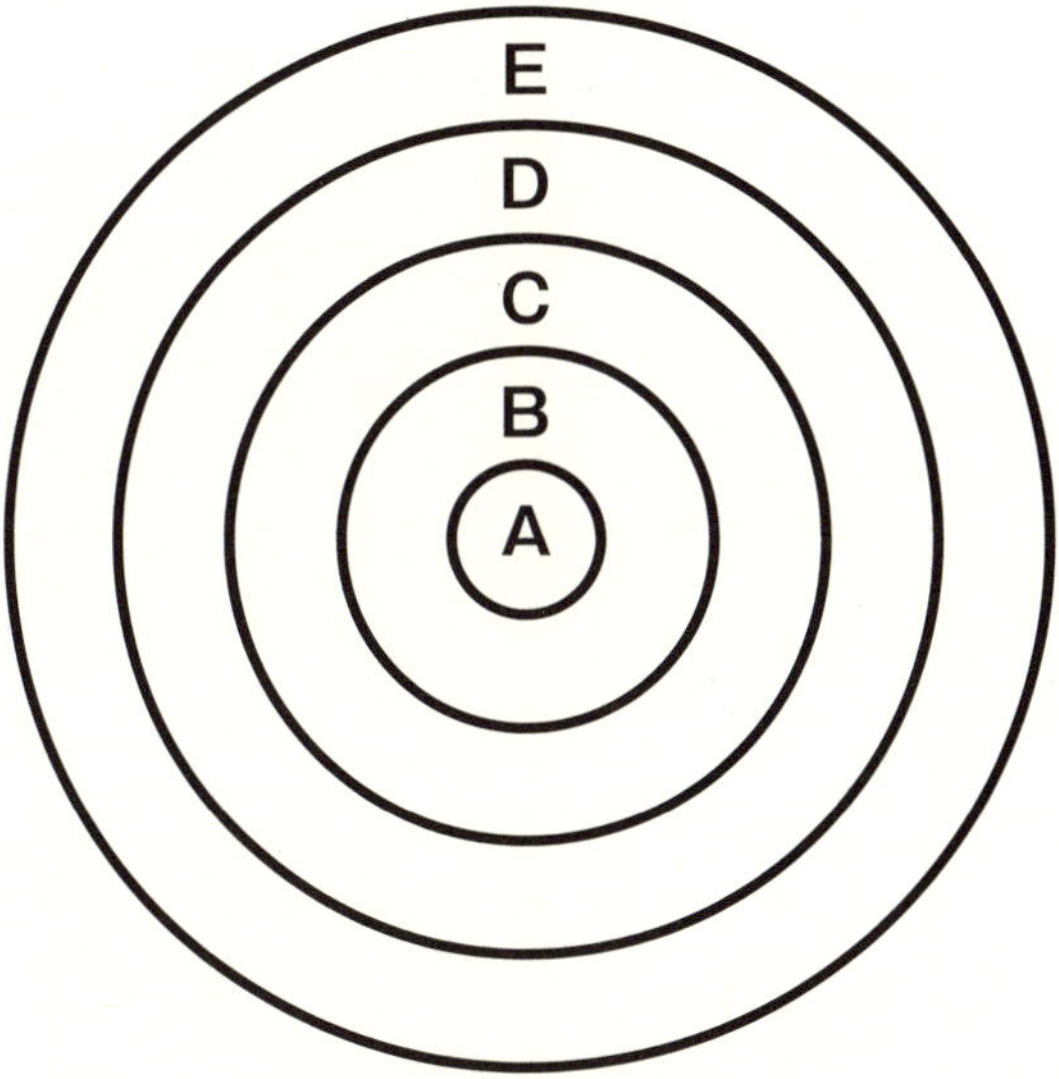
E
D
C
B
A

診断 TEST 11

円の中に書き入れた人の名前、人数から、
「あなたを助けてくれる人」がわかります

Bに入る人が多くて、CDに入る人が少ない人は、身内のつきあいが中心になっています。身内からのサポートが得られやすい一方、身内の中でしか通用しない狭い価値観に縛《しば》られている可能性があります。身内の反対があると逆らえないという場合も。もっと外の世界に交友関係を広げていったほうがいいかもしれません。

Cには、お互いのことをわりあい理解し合っている友達が入ります。親友と呼べるような人は一人か二人、三人もいれば、悩み事を打ち明け合ったり、信頼感が持てて、孤独ではない感じがするでしょう。

Cに入る友達はいても、Dに入る人があまり思い当たらない場合、人づきあいに苦手意識があり、大勢のいる場に出るのは気が引けるといったことがあるでしょう。

Dに名前が入りそうな人がたくさん思い浮かぶ人は、社会性のある人です。

CとDの人数に差があまりない場合は、社交性のある人で当然多くの友人知人がいる一方で、人づきあいが広く浅くになりがち。知り合いは多いけれど、本当の友達と呼べるような人がいなかったことに気づく場合があります。

Eには、プライベートでは接点はないけれど、社会生活の中で出会う人々が入ります。恋人がいない人が出会いを探すなら、このあたりに出会いの可能性がありそう。

CDの範囲で恋人候補が見あたらない場合は、今後の進展は難しそうです。この範囲の知り合いとは、ずっと友達止まりの可能性が高いでしょう。新しい人間関係を開拓しましょう。

あなたが社会生活を送っていくとき、力になってくれそうなのは、Dの範囲にいる人です。人の助けを必要としている場合、ふだんあまり会ったことがなくても、そういう人に連絡をとってみるとよいでしょう。

Bの身内のコネを使った場合は、あとあと苦労する場合があります。Cの親しい友人に頼み事をした場合、うまくいったときはいいけれど、うまくいかなかった場合、その後の関係が気まずくなる可能性があります。それゆえ、適度な距離のあるDの範囲にいる人に頼むのがおすすめなのです。

Dに名前がたくさん入るのは、広く浅いつきあいの知人をみんな友人と呼んでいるような人ですが、わりあいうまく、ひょいひょいと世の中を渡っていけるのです。

12
TEST

あなたに息を吹きかけられた花びらが、飛んでいきます

一輪の花を手にとり、目の前にかざしているところをイメージしてみてください。
その花の色は何色ですか。次の中から選んでください。

色が決まったら、あなたの口からその花びらに、
すうっと細く優しく息を吐きかけてみてください。

花びらの1枚が離れて飛んでいきます。
その先を追いかけてみてください。

そこに誰かいますか？　いませんか？
イメージしてみてください。

Ⓐ ピンク

Ⓑ 赤

Ⓒ 紫

Ⓓ 青

Ⓔ 黄色

診断 TEST 12

花びらの色から、あなたにとって

「その人がどのような存在か」がわかります

花びらの色は、あなたのハートに宿《やど》っている愛の資質を意味しています。そこから、花びらが飛んでいった先にいる相手に対して、あなたが抱いている気持ちが見えてきます。もし誰も思い当たらなかったなら、そういう人が身近にはいないのです。

Ⓐを選んだ人……その人は、「無条件の愛を互いに抱く人」

あなたのハートに宿るのは、無邪気な愛と慈《いつく》しみの感情です。それは甘くてとても優しい愛です。その花びらが飛んでいった先にいる人は、あなたが無条件の愛を注ぎ、無条件の愛を求め、相手もそれに応《こた》えてくれるような人。

あるいは、その人から注がれた愛が、あなたにとって甘く優しい気持ちをもたらしてくれるのかもしれません。互いに慈しむことのできる相手であり、慈しみ合うべき相手です。

Ⓑを選んだ人……その人は、「愛し合うことで高め合える相手」

あなたのハートに宿るのは、熱い愛とロマンチックな情熱です。それは自分を愛するような自己愛に似た愛であり、また恋愛の情熱とも似ています。愛されることで魅力的になり、愛することでさらに自信を得るような愛です。

思い浮かべた相手は、恋人かもしれません。しかし、恋愛とは限らず、強い絆《きずな》で結ばれた友人や、同じ目標に向かって歩んでいく同志のような人かもしれません。いずれにせよ、相手も強い情熱とロマンを持つ人なのでしょう。

Ⓒを選んだ人……その人は、「魂でつながるソウルメイト」

あなたのハートに宿るのは、神秘的なものへの憧れと愛です。それはソウルメイト（魂の友）と呼ばれるような相手との結びつきを求める愛です。偶然と必然が混じり合ったような、どこか運命を感じさせる出会いの相手。それがソウルメイトであり、あなたが思い浮かべた人です。

あなたはその人に、他の人との関係では得られない精神的なつながりを感じているのかもしれません。

Ⓓを選んだ人……その人は、「人生を導いてくれる人」

あなたのハートに宿るのは、静かで控《ひか》えめな愛です。強く求めるような愛でもなければ、与える愛でもありません。ただ、そこにたたずみ、信頼の絆で結ばれているような愛です。それはどこか気高く、気品を感じさせるような愛です。

思い浮かべた相手は、信頼できる恋人かもしれないし、人生の導き手となるような人なのかもしれません。おそらくその人は、とても知的で賢い人なのでしょう。

Ⓔを選んだ人……その人は、「本当に心許せる相手」

あなたのハートに宿るのは、喜びと希望に満ちた愛です。愛は楽しく、互いを受け入れ、今このときを享受《きょうじゅ》します。それは、あるがままを受け入れ、自然なつながりをもたらすような愛です。

あなたが思い浮かべたのは、一緒にいるだけで楽しい、一緒にいられることがうれしいと感じられるような相手です。それはあなたが心許せる相手であり、相手もあなたに対して心を開いている人です。

TEST 13

椅子の隣に座っている人は、誰？

三人がけの椅子《いす》があります。あなたはその椅子の真ん中に座っています。
あなたの両側には、ちょっと気になる異性が座っています。

右側に座っているのは誰ですか？
また、左側に座っているのは誰ですか？

心に思い浮かぶ人がいれば、その人の名前を挙げてみましょう。
好きな人が同性の場合には、その人のことを思い浮かべてください。

診断TEST 13

思い描いた人物は、あなたの

「結婚したい相手」と「一度はセックスしたい相手」です

右側に座っている人であなたが思い浮かべたのは、あなたが結婚相手としてこういう人がいいと思っている人のタイプの人です。

具体的に誰かの名前を思い浮かべた人もいるかもしれませんね。

左側に座っている人であなたが思い浮かべたのは、その人にセクシャルな魅力や誘惑的な悪の魅力を感じ、一度はつきあってみたいと感じている相手です。

一般に、右側で思い浮かべた相手は、あなたがその人のことを比較的善良で社会にうまく適応できる、もしくは順応していけるタイプと見なしている人。

左側で思い浮かべた相手は、けっして善良とは言い切れない複雑な部分のある人、もしくは訳《わけ》ありの人と感じている人です。

2章

その「恋」や「結婚」はどうなる?

✦あの人から「どう思われているか」まで、わかってしまう

TEST 14

クジ引き、どんなふうに引く？

商店街で買い物をしたら、福引《ふくび》きができることになりました。「箱の中のクジを１枚引いてください」と言われたあなた。あなたならどうやって、１枚を引きますか？

A よくかき混ぜて引く。

B 迷わずすっと引く。

C どれがいいか迷いながら引く。

D 一番底のほうから引く。

診断TEST 14

クジの引き方から、あなたの

「恋愛の仕方と恋人選びの傾向」がわかります

「当たりが出るかな?」とワクワクしながらクジを引くときの心理は、恋人選びのときの心理を表わしています。

Ⓐを選んだ人……なかなか「本命」を一人に決められない!

よく混ぜて引くあなたは、いろんな人とつきあってみたい人。恋に貪欲《どんよく》で、ホンネはいろんな人とつきあいたいのです。一人に決めてしまうと、他の人とつきあうチャンスを逃したようで、おしい気がします。実際に何人かとつきあって、周りから遊んでいると言われれば、「みんな好きだから一人に決められない」なんて言い訳しそう。

Ⓑを選んだ人……決めた相手に、とことん尽くしたいタイプ

好きになったら一途《いちず》な人。惚《ほ》れやすい人です。出会ったときにピンときて、きっと「これが運命の人だ!」と思い、つきあい始めるでしょう。このタイプの人は、とても純情。相手に寄り添い、尽くし、相手から守られたい人です。出会った相手の人柄がよく、いい人ならハッピーなおつきあいになり、将来の幸せが約束されそう。悪い相手に当たったら、ちょっと苦労しそうです。

Ⓒを選んだ人……スペック重視で、「最高の相手」を探す

あなたはちょっと打算《ださん》的なところのある人。好きになっても、「本当にこの人でいいのか」と迷ってしまいます。その迷いは、ベストの相手を手に入れたいという気持ちからくるもの。恋人候補になる人のスペックを見比べ、値踏《ねぶ》みし、どの人とつきあうのが一番〝お得か〟と考えます。したたかに、勝ち組になることを狙《ねら》っている人。

Ⓓを選んだ人……ちょっと〝変わった人〟と深くつきあいたい

ふさわしい相手はじっくりと見極めたい人。うわべのつきあいではなく、お互いをよく理解できるように、セックスも含めて相性を確かめたいと思います。好きになった人には深く執着します。しっかりしているようで、どこか危ういところがあって、フツーにうまくいく恋には興味が湧かず、訳ありの相手を好きになってしまうことも。

15
TEST

「愛しているからこそ……」に続く言葉は?

恋愛ドラマを見ていたら、ヒロインに向かって素敵な彼氏が、

「愛しているからこそ……」

と、次のようなセリフを言いました。

それを聞いたヒロインは、自分も彼を愛しているので、
彼がそう望むならその通りにするしかないと思い、受け止めます。


でも、ドラマを見ていたあなたは「ええ!? それはないよね」「そんなの私なら、絶対に嫌だ」と思いました。そのセリフはどれですか?

また、逆に、「それってわかるような気がする」と、少なからず共感できたセリフはどれですか?

愛しているからこそ……

A 「ぼくたちは、
離れていたほうがいいんだ」

B 「きみとはそういうことを
（セックス）したくないんだ」

C 「ぼくたちは、
結婚しないほうがいいんだ」

診断 TEST 15

恋愛ドラマへの感想から、あなたが

「どんな恋をしたいか」がわかります

ここでは、「そんなの嫌だ」と感じたことから、あなたが恋の理想ゆえに陥《おちい》りやすい恋の罠《わな》を診断します。さらに、「わかる気がする」と思ったことから、あなたの恋の深層心理を探ってみましょう。

Aを選んだ人

A が「そんなの嫌だ」という人……一度好きになると、なんでも許してしまう

恋人とはいつも一緒にいたい人。会っている時間が長いほど、愛し合っていると感じます。一緒にいるときはベタベタしたい人。相手の肌のぬくもりが感じられ、体が触れ合う親密な距離でいたいはず。お互いに甘え合えるような関係を求めています。

一人でいると寂しくなり、恋人を自分につなぎとめるために、相手の望むことをやろうとします。そこで、つい相手の浮気を大目に見てしまい、あなたにとっては不利な三角関係を続けたり、ダメなくせに悪知恵の働く男に貢《みつ》いでしまったりということ

がありそう。

Aが「わかる気がする」という人……現実よりも空想で恋しがち

会っているときよりもむしろ会えない時間に、好きな人への思いがつのる人。空想の中では、相手を理想の恋人に仕立て上げることができます。目の前にいる生身の相手の、生理的な生臭《なまぐさ》さや俗《ぞく》っぽさに触れると、たとえ好きだと思っていた人に対しても、幻滅《げんめつ》を感じてしまうあなたです。むしろ、好きになってはいけない人や、手の届かないところにいる憧れの人といった相手に、切ない恋を抱いてしまいそう。

Bを選んだ人

Bが「そんなの嫌だ」という人……性的にも満たされないとダメ

「好きになったら身も心も結びつきたい。それが自然でしょ」と思っている人です。恋に性的な交《まじ》わりがないなんてことは考えられません。誰かを好きになると、胸がドキドキするだけでなく、体の内側から熱くなるものがあり、火照《ほて》りを感じるでしょう。

性的な欲求は、相手と強く結びつきたいという欲求です。それが満たされないと、悶々《もんもん》とし続けます。そんなとき、セクシャルな態度であなたを誘ってくる相手に出会ったら、吸い寄せられるように誘惑にのってしまうでしょう。事後になって、あなたは、「好きになったから、恋をしたからこそ、その人とセックスしたのだ」と自分に言い聞かせるのでしょう。

Ⓑが「わかる気がする」という人……自分に厳しくしすぎかも

あなたは禁欲的なところのある人です。自分の本能的な欲求をポジティブに受け止めず、何かいけないもの、罪深いものと受け止めているのかもしれません。だから、よりレベルの高い本当の愛とは、性的な欲求に汚されない、純粋な結びつきにあると思っているのでしょう。官能的な欲求、性の営《いとな》みへの好奇心は人一倍強いのに、その逆の方向に惹《ひ》かれる人のようです。自分に厳しくすることが好きで、厳格なダイエットやトレーニングなど身体的な苦行《くぎょう》にハマりそう。

Cを選んだ人

Ⓒが「そんなの嫌だ」という人……「見捨てられる」のは耐えられない

恋の結末は結婚、ゴールインしてハッピーエンドと信じるあなた。誰かを好きになって、これが恋なのねと恋の気分を味わうより、結婚したいという気持ちが強く、頭の中には常に「結婚」の文字が浮かんでいそう。結婚できれば幸せ、結婚できないと、このまま一人で暮らすのかしら、将来が不安だわと、先のことを思いわずらいます。

つきあい始めた相手には、見捨てられたくないという思いがあり、相手に気に入られるように振る舞うでしょう。相手に依存しやすく、少しぐらい乱暴に支配的に振る舞われても言う通りにしてしまいそう。DV被害者にならないよう気をつけて。

Ⓒが「わかる気がする」という人……いつまでも〝遊びの恋〟ばかり

あなたは結婚を束縛《そくばく》と感じるようです。自由な恋がしたい人です。でも、結婚すると、一人の人に縛《しば》られ、自由でなくなる気がするのでしょう。

結婚という形に縛られると、ワクワクする恋の気分が薄れてしまいそう。日々の生活を共にすることで、新鮮味がなくなり、マンネリ化しそう。そう思うために、いつまでも遊びの恋をしていたいのかもしれません。

あるいは、生活のことを考えると、自分のワガママを受け入れてくれる経済力のある、年上のパトロンみたいな人と一緒になろうとするのかも。

16
TEST

スイカのおいしい食べ方は？

よく熟《う》れた、大きなスイカがあります。
あなたがイメージする、
スイカの食べ方は？

「こんな食べ方をしたい」
というものを選んでください。

A 海水浴場でスイカ割りをして、その場で食べる。

B 大きくカットしたスイカに縁側《えんがわ》でかぶりつく。

C 小さめにカットしたスイカを、食卓でスプーンで種を取り除きながら食べる。

D 中をくり抜いて、フルーツポンチにして食べる。

診断 TEST 16

真夏の果物・スイカの食べ方から、あなたの

「Hの相性のいいタイプ」がわかります

スイカのおいしい食べ方には、あなたのセクシャルな快楽の求め方が映し出されます。

Ⓐを選んだ人……ストレートに、楽しく快楽をエンジョイできる相手

あなたとHの相性がいいのは、明るく楽しい雰囲気の人。お互い波長が合えば、面倒くさい駆け引きはせず「Hしよ」とストレートに誘われたいのです。あなたがしたいときも「Hしよ」と誘えば、うれしそうに応じてくれる人。そして、Hの最中も普通に会話しながら、どうすれば感じられるか、遊び感覚で快楽を追求。

Ⓑを選んだ人……いわゆる〝むっつりスケベ〟が最高のパートナー

あなたとHの相性がいいのは、一見真面目でしっかりしていそうなのに、本性はH好きで、性欲も人一倍強い人。それを日頃は理性で抑えているぶん、夜になると激し

くしつこく求めてくる相手に対して、あなたも官能の欲求を刺激され、乱れに乱れるでしょう。ふだんとのギャップを楽しみましょう。

Ⓒを選んだ人……清潔でさわやかで、チャラくない人が理想！

あなたとHの相性がいいのは、さわやかで清潔感のある人。具体的には、口臭や体臭ケアに気をつかっていて、キスやHのときに不潔感を感じさせない人です。相手に少しでも不潔感を感じると、Hな気分も萎《な》えてしまうでしょう。性欲が強そうでギラギラした感じの人や、遊んでいそうな人も気持ち悪くてNGです。

Ⓓを選んだ人……ロマンチックにされるほど、興奮が高まる

あなたとHの相性がいいのは、ベッドの上でも余裕のある人。がっつかず、言葉やしぐさでロマンチックなムードを高めてから、性の行為へと移りたいのです。行為の最中も、耳元で愛の言葉を囁《ささや》きながら、興奮を高めてもらいたいのでしょう。

あなたは経験の浅い相手より、わりあい経験豊かな人にエクスタシーへと導いてもらったほうが、性の喜びを感じられていいのかも。

17
TEST

真夏の夜、ふと目が覚めると――

夏の暑い夜。

旅先の宿で、
寝苦しくて夜中に目が覚《さ》めたあなた。

見ると、網戸《あみど》の外に
虫が張り付いていました。

それはどんな虫だったでしょうか？

A 大きな蛾《が》

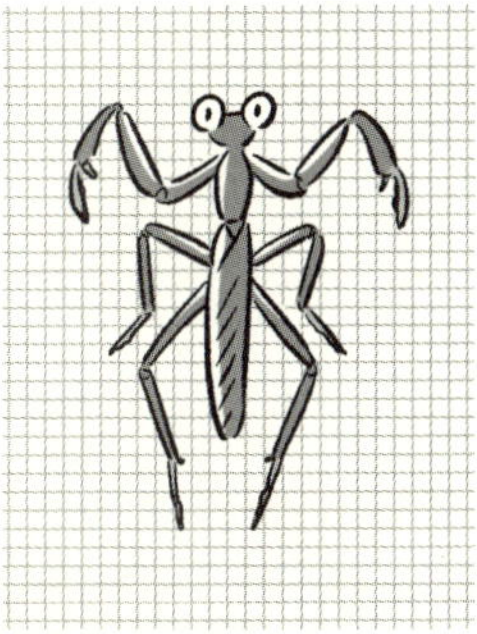

B かまきり

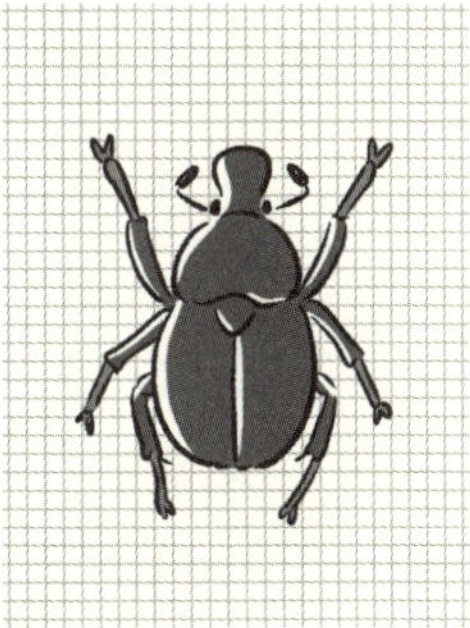

C かなぶん

D やもり

診断TEST 17

網戸に張り付いていた虫から、あなたの

「ワンナイトラブをする理由」がわかります

寝苦しくて悶々としている状態は、性的な欲望にかられた状態と似ています。そこから、あなたがしてみたい遊びの恋のホンネがわかります。

Ⓐを選んだ人……映画のような「ゴージャスな一夜」に憧れて

どうせ一夜なら、派手に遊びたいあなた。相手はお金持ちでカッコよく、食事から高級ホテルでのベッドインまでエスコートしてくれ、あなたをその気にさせる言葉もあか抜けている。まるで自分がハリウッド映画のヒロインになった気分で、シーツの下で戯《たわむ》れたいのです。朝は一緒にリッチな朝食。もちろんお支払いは全部相手持ち。

Ⓑを選んだ人……激しい欲望を〝思い切り発散〟したいから

あなたがしてみたい一夜の恋は、男と女の部分だけで惹かれ合い、欲望のままに絡《から》み合うような恋。どこか危険な香りもするけど、それがますます興奮をそそる。お互いに相手の素性もよく知らず、本能的に結ばれて、エクスタシーの極みに向かい、恍《こう》惚《こつ》の瞬間に果てるような関係です。その興奮から冷めた後は、クールにお別れ。

Ⓒを選んだ人……友達ノリで、遊び感覚でH。セフレもあり？

ライトな遊び感覚の恋がしたい人。友達ノリで意気投合した相手と、イベントや飲み会の帰り、なんかまだ遊び足りないね、という気分で「Hしようか」と近くのホテルに直行。あるいは「うちにくる？」とどちらかの家に行って、じゃれ合って、じゃれ合ううちに気持ちいいことしちゃった、みたいな展開がしたいのです。そこから「セフレ」の関係になってもいいと思っているのかも。

Ⓓを選んだ人……ワンナイトは無理。一度Hしたら本気になるタイプ

あなたは遊びの恋ができない人。たとえ行きずりの相手と、そのときだけの関係になったとしても、一度肌を合わせてしまうと、愛しているような錯覚に陥ります。ましてやそのときのセックスがよければ、文字通り「二人は結ばれた」と感じ、執着が生まれてしまいます。初めから「真面目なおつきあい」をしたほうがいいでしょう。

18
TEST

異世界からやってきて、あなたと恋に落ちた相手

一人暮らしのあなたの部屋に、
時空を超えて異世界の住人が姿を現わしました。
最初は驚き戸惑ったあなたですが、
心を通わせるうちに、恋に落ちていたのでした。
その相手はどんな姿をしていましたか?

A 超ハイテク近未来からやってきた、AIロボット

B ファンタジーワールドからやってきた、半獣モフモフ

C 神秘の異次元宇宙からやってきた、姿が変化し透《す》ける生命体

D 未来の滅びた世界から人類を救うためにやってきた、革命戦士

診断TEST 18

異世界の恋人から、あなたの

「理想の恋人像」がわかります

異世界からの恋人の特徴は、あなたが恋人に最も「こうあってほしい」と求めている要素。そこから、あなたの深層心理が求めている「理想の恋人」が浮かび上がってきます。

また、その理想からかけ離れた振る舞いや言動をする相手には、あなたは嫌気がさします。あなたが好きになった人やつきあっている人に失望し、嫌気がさすときがわかります。

Aを選んだ人……「頭がよくて、感情も落ち着いている人」が好き

理性的で、情緒的に安定した人があなたの理想の恋人です。まず、賢く教養があり、知的な会話のできる人――いわゆる「インテリ系」に惹かれます。そして、情緒が安定していて、互いの考え方に違う部分があったとしても、感情的な口論はせず、落ち着いて話し合い、解決できるような相手がいいのです。

逆に、好きになった人が、思ったより賢くなく、あなたが知っていることで、「その程度の知識があるのは常識でしょ」と思っているようなことを知らなかったり、知識欲に欠けている人だということがわかると大いに失望します。

また、情緒的に安定せず、人前で声を荒《あら》らげたり、気に入らないことがあるとすぐ不機嫌になったりする人だと、これ以上はつきあえないなあと思うでしょう。感情のコントロールができない人を、あなたはみっともないと思うのです。

Bを選んだ人……「優しくて、いつも寄り添ってくれる人」と一緒にいたい

心が広く寛容で、包容力のある人があなたの理想の恋人です。あなたの話をいつも優しく聞いてくれ、あなたが悩んだり落ち込んだりしたときは、ずっと側《そば》にいて、寄り添ってくれるような人を求めているのです。

逆に、好きになった人に、暴力的なところがあると、あなたは怖くなるでしょう。粗暴《そぼう》そうな人は絶対にNGです。たとえ自分には親切にしてくれても、周りの人に対してとる態度が乱暴だと、つきあっていくのは無理と感じます。

暴力とまではいかなくても、見ず知らずの人に対して感じの悪い態度をとったり、

ちょっとのことでカリカリし、腹を立てるような人だということがわかったら、この人とつきあっていくのは無理かもしれないと、気分がふさいでしまいます。

Ⓒを選んだ人……心の深い部分で〝通じ合える相手〟がいい

精神的にある程度成熟した人が、あなたの理想の恋人です。そして、人生におけるさまざまなテーマについて話し合い、価値観を共有し、心の深い部分で信頼し合いたいと思っています。あなたが求めているのは、そんな〝ソウルメイト〟と呼べるような縁を感じられるパートナーなのです。

好きになった人が、精神的に幼稚《ようち》なところのある人だと気づいたら、あなたはがっかりするでしょう。たとえば、思いやりのない、自分本位の行動をとる人だったら、がっかり。あなたが何か相談しようとしても、親身に受け止めてくれなかったり、返ってきた答えが、とても真剣に受け止めてくれたとは思えないものだったとき、その相手が、魂の触れ合う相手ではないことを悟《さと》ってしまうのです。

Dを選んだ人……人間的に〝尊敬できる人〟についていきたい

あなたは凜々《りり》しい人に憧れています。真面目で正義感が強く、高潔な人があなたの理想の恋人です。向上心があり、常に自分を磨こうとしていて、人間として正しくあろう、誠実であろうというプライドを持っている人に惹かれるのです。

逆に、好きになった人に、人間的な弱さやズルさを感じたとき、あなたは失望します。相手の欠点の一つひとつが失望材料になってしまいます。

たとえば、何かで腹を立てて感情的になっているのを見たとき、決断すべきときに優柔不断な態度をとっているのを見たとき、自分に思いやりを持って接してくれなかったとき、相手が誰であれ、欠点を見出してしまいます。

あなたは恋人に対する要求水準が高く、求める理想が高すぎるのかもしれません。だとすると、誰とつきあっても、不満を持ち続けてしまうことになります。

19
TEST

〝恋人たちの別れ〟を素敵に演出するなら？

恋愛ドラマの監督をやることになりました。
恋人たちの別れのシーンで終わるドラマです。
あなたはどちらを採用しますか？

Q1：別れがあまりにつらいとき、
主人公の気持ちを表わすシーンです。
どっちを採用する？

Ⓐ振り向かずに立ち去る
Ⓑいつまでも見送っている

Q2：主人公が見送った恋人が、
列車に乗って向かった先は？
どっちを採用する？

Ⓧ長く帰っていなかったふるさと
Ⓨこれから住む初めての土地

診断TEST 19

あなたが選んだ別れのシーンから、あなたが

「失恋したとき、恋人の代わりに求めるもの」がわかります

「理想の別れ」には、あなたの「別れるならせめて……」という願望が透けています。

A X を選んだ人……食べて、鍛えて……フィジカルに自分を満たす

何かおいしいものを食べれば気が晴れるでしょう。それほど単純な自分を認めたくないかもしれませんが、食べたり体を動かしたりすれば、気分転換できるあなたです。体を鍛え、引き締まってくれば、あなたの自己愛も高まり、自信回復。しかも性欲もコントロールできて、恋人いらずの自己完結ができます。あなたは実は、意外にも、誰よりも自分自身を愛するナルシストなのです。

A Y を選んだ人……二次元の世界の〝裏切らない恋人〟で安心

好きなキャラクターが登場するアニメやゲームの世界に癒《いや》されます。生身の人間は、予測不能な感情に支配されているけれど、バーチャルなキャラクターはプログラムや

設定通りに動くので、自分を裏切らないから安心できます。あなたにとっては、お気に入りのキャラクターが恋人の代わりになりえます。

BXを選んだ人……美しい「思い出」さえあれば、なれ合うよりいい

別れた恋人との思い出こそがあなたにとっては宝物。思い出があれば生きていけるという人です。むしろ、恋人とつきあい始めた頃の、繊細で温かい感情の交歓《こうかん》がなくなり、腐《くさ》れ縁でつきあうようになるくらいなら、別れたほうがマシとさえ思うタイプ。生身の恋人は色あせても、記憶の中の愛は永遠に感じるのです。

BYを選んだ人……うっかり、思わぬ異性に〝慰められ〟かねない？

失恋のつらさを一人で抱えきれず、友達と飲みに行ったり、カラオケで騒いだりして、一時的には痛手をマヒさせることができます。でも、一人になるとやっぱりつらくて、異性の友達にまで相談。その人に慰めてもらっている間に、ちょっとセクシャルな気分になって、体まで慰めてもらうということにもなりかねません。それが新しい後悔のタネになりうるので、あなたの場合は結局、新しい恋人を探すのが一番。

20 TEST

SNSにプロフィール写真をアップします

SNSに、
自分の顔写真を掲載しなければならないなら、
どんな写真を掲載しますか？

A スマホなどで撮った写真をそのまま

B お肌や目鼻立ちを補正した修正写真

C 正面向きではなく、ちょっとひいた横顔

D 顔はなるべく出したくないので後ろ姿

診断 TEST 20

SNSのプロフィール写真から、あなたの

「恋愛での理想と現実」がわかります

SNSに載せる顔写真は、自意識と自己イメージを表わすと同時に、他人との間にとる距離を表わしています。ここでは、あなたが求める恋の理想と現実を診断します。

Ⓐを選んだ人……理想はあるけど、意外と妥協できる人

あなたは、恋の理想と現実は、わりあい近いところにある人です。口では「自分は絶対、妥協《だきょう》しない！」と周囲に言いながら、実は案外、お手頃な相手とつきあって、そのまま結婚してしまうタイプ。自分で思っているよりも単純な人です。

Ⓑを選んだ人……スペック重視すぎて、落とし穴にハマるかも

あなたは、人に自慢できるレベルの相手を見つければ、恋の理想よりも現実に適応しようとするでしょう。友達の恋人と比べて、自分がつきあっている人のほうがワンランク上でなければ気がすみません。そのため、相手の人柄をよく吟味《ぎんみ》しないで、学

歴や職業、収入などを基準にスペックの高さだけで相手を評価し、つきあってしまうことも。

Ⓒを選んだ人……現実が見られず、自ら進んでイバラの道に!?

あなたは恋の理想はあっても、現実が見えていない人です。個性が強く、感性が豊かで、なんらかの非凡《ひぼん》な才能がある人こそ、自分にふさわしい相手だと思っています。そのため、社会的にうまく適応できず不安定な生き方をしている人を、才能のある人物と勘違いし、うまくいきそうにない恋に走ってしまうことがありそうです。

Ⓓを選んだ人……誰より〝純粋な理想〟ゆえに、現実と折り合えないかも

あなたは人づきあいが苦手な人。あまり気がきかず、世間話など一般的な会話が続かないので、恋の場面でも、チャンスを逃してしまうことが多そう。とはいえ、性格的には優しく、賢いところがあって、恋の理想は高く純粋な愛を求める人です。それが周りの人とのつきあいではうまく表現できず、ＳＦアニメの時空を超えたカップルの切ない恋物語などに、恋の理想を見出し、一人でキュンキュンしているのでは？

21
TEST

シェイプアップしたい、体のパーツは？

あなたは、美しくなりたい女性です。
これからは自分磨きに励むことにしました。
まずもって、体のある部分の魅力アップに集中。
その部分が一番大事だと思うからです。

さて、どの部分を一番、きれいに見えるように磨きますか？

Ⓐ 首から胸元にかけての
デコルテライン

Ⓑ お腹とウエストライン

Ⓒ 脚のライン

診断TEST 21

磨きたい体のパーツから、あなたが
「嫉妬心が強い人かどうか」がわかります

嫉妬は、自分ではコントロールしがたい情念。身体のどの部分に意識が向いているかによって、あなたの嫉妬という情念のあり方が見えてきます。

Ⓐを選んだ人……あまりにもすぐ嫉妬するので、怖がられている？

あなたは非常に嫉妬心の強い人です。自分の好きな人が、他の人と少しでも仲良くしているのを見ると、プライドが傷つけられ、自分が味わっていない楽しみや快楽をその二人が味わっているのではないかという想像力が働き、内側から激しい感情が湧き上がります。

まるで狂ったような嫉妬心があなたを苦しめ、嫉妬を感じさせた相手の消滅を願うほどに激しくなることもあるでしょう。その嫉妬心がおさまるには、時が経過するのを待つしかないでしょう。

Ⓑを選んだ人……行き場のない〝怒り〟で消耗しがち

あなたはそれほど嫉妬心の強い人ではありません。嫉妬心よりもむしろ、怒りが強そうです。自分の好きな人が他の人と仲良くしているのを見ると、自分の存在がないがしろにされたように感じます。すると、不快感が増してきて、だんだん怒りの感情が湧き上がってくるでしょう。怒りは原始的で強い感情なので、そのうち疲れてしまい、無気力になって何もする気がなくなります。怒りが冷めるまでは、メイクやおしゃれにも興味がなくなってしまうでしょう。

Ⓒを選んだ人……不安から、「浮気の証拠」探しをしかねない

あなたは嫉妬心よりもむしろ、疑心暗鬼《ぎしんあんき》にかられやすい人。嫉妬心は強くありません。自分の好きな人が他の誰かと仲良くしているのを見ると、自分は見捨てられるのではと思ってしまうのです。不安感から相手を疑い、あることないこと、いろいろ想像し、初めはただの疑いだったものが、確信に変わっていくでしょう。不安感は、嫉妬のような激しい感情ではないため、表向きはたんたんと（でも、内心ではおろおろしながら）相手の浮気の証拠を集めるような行動として表われるかもしれません。

TEST 22

ラブソングの作詞。どんな言葉を使う？

恋の歌を作りたいと思います。
次の単語の中から、
あなたが作詞に使いたい言葉を八つ選んでください。

哀しみ（A）・知らん顔（B）・幸せ（C）
目と目が合って（D）・なぐさめ（A）・沈黙（B）
笑顔（C）・抱きしめて（D）・切なさ（A）
冷たい（B）・冒険（C）・情熱（D）
寂しい（A）・秘密（B）・輝いて（C）
自分だけのもの（D）・別れ（A）・誰も知らない（B）
バラ色（C）・熱い肌（D）・傷ついた心（A）

信じる（B）・希望（C）・激しく（D）
涙（A）・本当の気持ち（B）・はじける（C）
一夜の（D）・思い出（A）・真実（B）
未来（C）・本気（D）

A、B、C、Dどれが一番多かったですか？
※同数の場合はその混合型になります。両方の診断を参考にしてください。

診断 TEST 22

選んだ歌詞から、あなたの
「恋がうまくいかなくなる理由」がわかります

ラブソングに使いたくなる歌詞は、あなたの恋愛の傾向を表わしています。

そこから、もしあなたの恋がうまくいかなくなるとしたら、何が原因になるかも見えてきます。

Ⓐが一番多かった人……〝妄想〟で突っ走り、相手に引かれるかも

あなたは恋をすると、ことさらセンチメンタル（感傷的）になる人。好きになった相手の前では、恥ずかしがり、もじもじしがちなのに、相手と一緒にいないときは、空想の中で大胆なことを言ったり、ドラマの主人公のような場面を演じてみたり。

そんなあなたの暴走する〝妄想〟は、相手に気づかれると、引かれてしまうかも。フツーにハッピーにつきあうことが難しいので、自分から恋の相手を逃してしまう可能性があります。

あなたにとっては、うまくいかなかった恋の思い出に浸《ひた》っているほうが、リアルな

相手と向かい合っているときより、恋の気分が味わえるのかもしれません。

Ⓑが一番多かった人……「本音を言えない」でいるうちに、自然消滅？

あなたは恋をしても、なかなか相手の前で自分をさらけ出せない人。それなのに、「自分のことを理解してほしい」という気持ちはとても強いようです。

つきあい始めたら、本当にこの人を信じていいのかどうか、心の中に迷いが生じ、信じ切れないところがあります。

気になることは相手に直接、ストレートに聞けばいいし、自分の気持ちをはっきり言えばいいのに、それができずにコミュニケーション不足からよけいに不安がつのることがあります。

勇気を出して関わっていかないと、そうこうするうちに自然消滅なんてことにもなりかねません。

Ⓒが一番多かった人……「飽きっぽい」から、あなたが浮気しかねない

あなたは楽しい恋ができる人。気が多く、人を好きになりやすいタイプ。

出会った人とはフィーリングが合うと感じれば、すぐに仲良くなれるので、つきあう相手がいないということで悩むことはあまりなさそう。

むしろ、つきあっても他にまた好きな人ができたりして、長続きしないことがあるのでは？

恋人には、こういうタイプの人がいいといったこだわりは特になく、いろんなタイプの人とつきあえて、つきあっている間は楽しい時間が過ごせます。

うまくいかなくなるのは、あなたの飽《あ》きっぽさや浮気っぽさが原因でしょう。あるいは相手が真面目すぎて、あなたのことを軽いと感じて、離れていく場合がありえます。


Dが一番多かった人……〝周囲から認められない相手〟ばかりに惹かれてしまう

あなたは身も心も一つになって燃え上がるような恋がしたい人。好きになった人とは、出会ったその日でもセクシャルな関係になれるでしょう。

その一方、気持ちが冷めれば、それまで何度もセクシャルな関係を結んだ相手でも、もう触るのも嫌というほど拒絶反応が生じます。

でも、そんな性的な魅力で本能を刺激するような相手は、必ずしもパートナーとして一緒に暮らしていくのにふさわしい相手でなかったり、家族や友人、仲間に紹介しづらい相手だったりする場合があります。

あなたには、ワルや悪女のエキセントリックな魅力に惹きつけられてしまう面があるのです。

23
TEST

夜の森の中を、歩いていると——

肝試《きもだめ》しに訪れた暗い森の中。
あなたの先を歩いていた人が振り返って言いました。

「何かが……」。

それはあまりにも怖すぎる！
あなたは思わず足がすくんでしまいました。

いったい、その先には何があるのでしょう？
振り返った人が言った言葉はどれ？

A 「埋《う》まっている」

B 「腐っている」

C 「ぶら下がっている」

D 「聞こえてくる」

診断 TEST 23

怖いと思った対象から、あなたの「フェチの傾向」がわかります

フェチとは、身体の一部や特定のものに対して抱くセクシャルな魅力をともなった執着心。怖いと感じるものは、あなたをドキドキさせ興奮させるものでもあります。

Ⓐを選んだ人……ズバリ「あそこ」、あるいは物欲を満たすものが好き

埋まっていて形が残っているのは、劣化《れっか》しない固いもの。あなたは、固いものに魅力と興奮を感じる傾向があるようです。それは、恋人の身体の固くなりやすい部分でしょうか？

それとも、固いものといえば爪、ネイルフェチかもしれませんね。また、固いものには宝石やアクセサリーなどの貴金属があります。その価値が薄れず高価なものです。そうなると、フェチというよりは、物への執着が強く、物欲が強い人ということになります。恋人自身よりも、恋人がプレゼントしてくれるもののほうに興味があり、そのプレゼントに愛着を感じる人なのかもしれませんね。

Ⓑを選んだ人……もしかして、「排泄物」に興奮!?

腐るのは、もともと新鮮だったものです。生ものや生きていたものが、その姿をとどめなくなることが怖いあなたは、消化器系の働きに意識が向きやすく、自分の体内から外に出てきたものに、特別の関心を持っているのかもしれません。抽象的にはそれは、あなたの想像力や創造力が生み出した作品かもしれませんね。

具体的なものでは、排泄物《はいせつぶつ》です。「う○こ」という言葉に、あなたは何かいとおしさのような特別の愛着を感じていませんか。フェチというより、それはもっと子供っぽい関心かもしれません。でも、人には秘密にしておきたい、ちょっと恥ずかしい部分ではあります。

Ⓒを選んだ人……相手の〝体臭〟がいとおしい

ぶら下がっているものは、何か力が衰《おとろ》えた感じがします。あるいは本体に付随《ふずい》する物、付属物を意味しています。あなたは力が弱くなったもの、衰えゆくものに特別の愛着を感じるようです。恋人の力なく萎えた身体の一部に、いとおしさを感じるのかもしれません。

あるいは身体に密着しているけれども、身体から離れることもある下着など、相手の体臭が残っているようなものに、セクシャルな興奮を覚えるのかもしれません。そういったものを集め、いとおしさを感じるようになってくると、それはまさにフェチの傾向です。

Dを選んだ人……身体のどこかよりも〝声〟に官能を感じる

あなたは聴覚を刺激するものに興奮しやすいタイプ。人を好きになるときも、ルックスよりも声の魅力に惹かれるほうなのでしょう。声のいい俳優や声優の誰かに、特別に熱を上げていたりするのかもしれません。

どんなにルックスがよくても、耳障りな声の持ち主には魅力を感じないでしょう。また、つきあい始めた人とSNSのメールなどでやりとりしても、あまり恋の気分は高まらないでしょう。むしろ、たわいない話でも声を聴いているほうが、ずっとセクシャルな気分が高まるでしょう。声が魅力的な人なら、目をつぶってセクシャルな交わりをすることができるかもしれません。

24
TEST

「目を閉じて」とお願いしてみましょう

目の前の人の気持ちを確かめましょう。
「ちょっと目を閉じて」と言って相手に目をつぶってもらいます。
相手の反応を見てみましょう。たとえば……次のうちのような反応だったら？

A すぐ「何?」と言って、パッと目を開けた。
B 目を閉じたまま「いつまで?」とか、「もういい?」と尋ねて目を開けた。
C あなたが「もういいよ」と言うまで、しばらく目を閉じたままにしていた。

診断 TEST 24

相手のリアクションから、
「その相手があなたといるときのリラックス度」がわかります

私たちは目を閉じると、視覚的な情報が入ってこないので、少し不安になるものです。そこで、すぐ目を開けてしまう人は、その場の状況を信頼しきれない人。つまり、あなたと一緒にいるときに、心からリラックスできていないのです。

Ⓐ 全然リラックスできていないようですね。何か他のことに気をとられているのか、あなたと一緒にいても落ち着かないのか、どちらかでしょう。

Ⓑ 落ち着いてはいますが、心からリラックスできている状態ではなさそうです。

Ⓒ あなたと一緒にいて、かなりリラックスできているようです。きっとあなたのことを信頼しているのでしょう。

とはいえ、ⒶⒷの人でも、「目を閉じて」と言ったときに、いったんは目を閉じてくれたなら、その人とあなたの間には基本的な信頼感はあるので、ご安心を。

3章

自分でも知らない「心の秘密」、すべて見通します

✦「心の奥の奥」には、こんな自分がいたなんて！

25 TEST

「自分の時間」にお茶を飲むなら……

静かな夜。

ゆっくりお茶でも飲みながら、
本を読んだり、好きな音楽を聴いたり、
趣味の手仕事などをしたいと思っています。

そんなとき、あなたならどのカップを選びますか？

A 小さな焼き物の湯飲み

B きれいな模様のティーカップ

C ちょっと大きめのマグカップ

診断TEST 25
どんなカップを選んだかで、あなたの「人生で大事にしたいこと」がわかります

カップの選び方から、お茶の飲み方がわかり、そこからさらに、あなたの日々の生活の仕方、人生観までもが見えてきます。

Ⓐを選んだ人……「なんでもない日常」の中に、奥行きを見出す

穏やかな生活の中に安らぎを見出す人。小さな湯飲みのお茶は、すぐになくなります。急須《きゅうす》で入れるので、たとえ自分が飲むものであっても、お茶の葉が出すぎないように取り換える、細やかな心遣いが必要です。あなたは、そんな手間を楽しめる人。何気ない日常に、安らぎを見出すことこそ、あなたの人生の味わい方です。

Ⓑを選んだ人……感性に響く、お気に入りのものに囲まれていたい

日々の移ろいの中に、心を揺さぶる感動を見出す人。ティーカップで飲むお茶は、紅茶やハーブティーが多いものです。あなたは、自分のフィーリングに合うものや感

性に触れるものを愛する人です。

情緒面で繊細なところがあり、ちょっとした出来事や人との交わりにも、大きく感情が揺れ動くことがあるようです。そういう自分を安定させるために、感性に触れるよい趣味のものに囲まれていたいと思うのでしょう。実生活は穏やかでありながら、内面のドラマに満たされることで人生を味わう人です。

Ⓒを選んだ人……「やりたいこと」に、全力で打ち込めるのが幸せ

あなたは、仕事や趣味に集中していたい人。マグカップは、一度にたっぷりのコーヒーやその他の飲み物を入れられます。じっくりと飲み物を味わうというよりは、飲みながら仕事や趣味に打ち込みたい人が選ぶことが多いものです。

自分でも、それほど繊細なタイプではないと思っていることでしょう。あなたがあまり繊細でないというのは、自分の興味のあることや、やるべきことに集中するために、それ以外のことで気を散らさないためでもあります。大事なことに集中する――それが、あなたの人生の味わい方なのです。

26 TEST

知り合いが不倫をしていると知ったら……?

仲間内に不倫カップルがいます。

あなたは不倫カップルのパートナー（結婚相手）とも、
パートナーがいることを知りながら、
その人とつきあっている不倫相手（愛人）とも知り合いです。

実はどちらも、これまでわりあい仲良くしてきたあなたの友人。
でも、この事態を知ってしまったあなた。

これからどう接していきますか?

A どっちも友達だから両方とつきあう。

B 不倫している友人（愛人のほう）からは距離を置く。

C 不倫されている友人（結婚相手のほう）からは距離を置く。

D 両方の友人から距離を置く。

診断 TEST 26

不倫カップルとのつきあい方から、あなたの
「善悪の価値観」がわかります

「不倫」のもともとの意味は「人倫《じんりん》にもとる行為」、つまり倫理道徳に反する行為ということ。ここでは選んだ答えから、あなたの善悪の観念を診断してみましょう。

Ⓐを選んだ人……「ちょっとくらいなら、ズルしてもいいよね」

あなたは善悪の観念にとらわれない人。いちいち善《よ》いか悪いかなんて考えていたら、人生を楽しめないと思っているのでは？　それに人は誰でも善悪両面があって、たいていの人は、ちょっとぐらい悪いことをしていると思っているのでしょう。あなた自身も多少のズルやごまかしをしても、許されるだろうと考えているようです。

Ⓑを選んだ人……「人の道に反すること」は、絶対にしない！

あなたは善悪の観念が発達した人。何事も善いか悪いかで判断し、悪いことをしたら許されない、悪いことをした人は罰せられるべきと考えます。もちろん、我が身も

律《りつ》しています。ともすると、他人の行為をとがめだてしたくなり、心の余裕をなくしてしまうかも。自分にも他人にも、もう少し寛容になってもいいかもしれません。

C を選んだ人……悪ぶることに、ひそかな快感を見出しちゃう

あなたは、悪に魅力を感じるタイプ。あなたの場合は、自分を悪ぶって見せるという、偽悪的なところがあるようです。この偽悪的な態度というのは、何が善かを理解していてこそとれる態度ですが、悪の魅力と誘惑にはあらがいがたく、人生の道に迷ったあげく、堕《お》ちるところまで堕ちて、ついに改心。その後、修行を重ねて善人になる可能性があなたにはあります。

D を選んだ人……「善悪」より「真実」を追求したい

あなたは、善悪の基準で物事を判断しない人。善い悪いではなく〝何が真実か〟ということに関心があるようです。真実とは善悪を超えたところにあるもの。物事を判断しようとすれば、より広い視野で偏《かたよ》りのない見方ができなければなりません。あなた自身は、素晴らしい善人にも、巨大な悪人にもなりうる可能性のある人です。

27
TEST

着ていく服に、迷ってしまって……

明日の午前中、初対面の人も多い集まりに出かけることになっています。何を着ていけばいいのか迷っていたあなた。寝る前になっても着ていくものが決められず、そのまま眠ってしまい朝になりました。

Q1：朝になって、着ていく服は決まりましたか？

A 「これにしよう」「これ着て行こう」ともう迷わずに決めた。

B 「どうしよう」「何着て行こうかしら」とぎりぎりまで迷った。

Q2：さて、身支度を整えてそろそろ出かけようと思ったとき、ネットで注文していた新しい服が宅配便で届きました。どうしますか？

X じゃ、こっちを着ていこうと、急いで新しい服に着替える。

Y 届いたばかりの服は置いておいて、この次着ることにする。

診断 TEST 27

着て行く服の選び方から、あなたが「SNSにどんな投稿をするか」がわかります

服はあなたの外見をどう見せるか、自己アピールの仕方を表わしています。

A X を選んだ人……キラキラ度100%！「SNS映え」のお手本

あなたはいわゆる「SNS映《ば》え」する人です。いつも生き生きとした生活を送っている様子、素敵な友人知人や充実の体験を公開し、いつも輝いている自分をアピールし、印象づけることができます。それだけに、物事が順調にいかなくなったときは、いきなりSNSから姿を消し、「あの人、最近どうしているのかしら」と心配されるかも。

A Y を選んだ人……「自分らしい投稿」で、ファンがついてくる

あなたは、SNSで自分の存在感をアピールすることのできる人。いわゆるSNS映えするキラキラした感じではないかもしれませんが、あなたらしさを表現できるで

しょう。いつも「いいね！」を押してくれる人は、たいてい同じ人で、あなたのファンなのかも。そういう人向けに、あなたの日々の思いを発信するのもいいですね。

B X を選んだ人……「仲間との交流」で、シェアしてワイワイ

あなたはSNSで友達の輪を広げられる人。仲のいい友達はもちろん、サークル活動やイベントで出会った仲間と楽しく写真を撮って「後でみんなに送るね」と誰かが言うと、まだアドレス交換していなかった人ともつながり、友達の輪が広がります。あなたにとってSNSは、友人仲間との便利なコミュニケーションツールなのです。

B Y を選んだ人……「同じ趣味の人」とクローズドにやりとりしたい

あなたはわりあいシャイな人。SNS映えと聞くと、「自分をひけらかすアピール」と感じ、自分はそういうことはしたくないと思っています。あなたにとって使い心地がいいのは、ハンドルネームで関心事についてつぶやいたり、興味のある人をフォローし合えるような、モノの写真や文字中心のSNS。共通の趣味や、同じような思いや考えを持つ人と、SNSを通じて「心の友」となれるでしょう。

28
TEST

一番〝心動かされる〟サービスは？

商品を購入するときや、
何かのサービスを受けるとき、
あなたが一番心動かされるのは、
次のうちのどの文言ですか？

A すべて無料です。

B 会員特典ご優待。

C もれなく差し上げます。

D 抽選で当たります。

診断 TEST 28

モノをゲットするときに心動かされる言葉から、あなたの

「逆境の乗り越え方」がわかります

どのようなサービスを受けるのがうれしいかというところから、あなたの基本的な性質が読め、そこから、困難への向き合い方も見えてきます。

A を選んだ人……なりふり構わず働いて、モーレツに浮上!

なんでもタダのものが好きなあなたは、逆境に立たされると、いったんは大きくへこみますが、完全に居直ることのできる人。プライドなんてかなぐり捨てて、なりふり構わず働いて、逆境から浮かび上がるための底力を蓄《たくわ》えます。やがて立ち直り、順風満帆の人生になったとしても、逆境のときの暮らしぶりが身についてしまっていて、お金はあっても生活に潤いのないケチケチ人生を送るかも。

B を選んだ人……平静を装い、裏で万策を働かせる

特別扱いされるのが好きなあなたは、逆境に立たされても、苦労しているところは

人に見せず、順風満帆のように見せかける人。ブログやSNSには、充実した日々を送っているような写真を掲載し続けるでしょう。その裏では、人より抜きん出たところまで浮上するために「人に言えないようなこと」もするかもしれません。

Ⓒを選んだ人……困ったときの〝本気の神頼み〟

人並みの暮らしを求めるあなたは、逆境に立たされると、「なんで自分だけが！」と叫び、ふだん敬《うやま》ってもいない神仏のせいにした後、急に信仰心にあつくなり神仏を敬ったり、スピリチュアルに目覚めたりするのです。そして、次第に立ち直り、人並みの暮らしにまで浮上したら、神仏のことなどすっかり忘れてしまうのです。

Ⓓを選んだ人……楽観的に考え、いつのまにか解決するかも

あなたは自分にラッキーなことが舞い込むと信じられる人。逆境に立たされても、ポジティブシンキングで乗り越えていけるでしょう。とはいえ、何か問題があっても、事の重大さに気づかず、事態を軽く見る傾向も。あなたが逆境に立たされたとき、迷惑をこうむり奔走《ほんそう》するのは、実はあなた本人ではなく、周りにいる人たちなのです。

29 TEST

昔好きだった人と、偶然に再会！

昔、あなたは思い切って告白した相手から、あっさりフラれてしまいました。

それから長い時間が経ち、とあるパーティーに参加しました。

そこで、その人にばったり出くわしたのです。

「自分はこの人を好きになって、告白してフラれたのか」

と思うと、感慨深いものがありました。

その人はいったいどうなっていたでしょうか？

A　あの頃よりずっと素敵になっていた。

B　なんだかあの頃より見劣りがした。

C　あの頃とちっとも変わらなかった。

診断TEST 29

昔フラれた人に抱く感情から、あなたの
「過去との向き合い方」がわかります

ずいぶん昔に好きだった人は、すでに過去の人。そんな人について、今のあなたがどう感じているかということから、自分の過去について抱いている思いがわかります。

Ⓐを選んだ人……「自分は恵まれていた」と、過去を上書きする

あなたは自分の過去をいいものだと思いたい人。嫌なことや失敗したこと、劣等感を感じるようなこともあったかもしれませんが、そういうことはなるべく思い出さないようにしています。

万が一、嫌な過去を思い出しても、「それがあってこそ、今の自分があるのだから」と、自分で納得のいくようつじつま合わせをします。それが今のあなたを前向きな行動に向かわせる推進力にもなっているようです。ただ、あなたのそんなポジティブシンキングは、自分が傷つかないようにするための自己防衛なのかもしれません。

B を選んだ人……振り返れば、「不満に思う記憶」があふれ出てくる

あなたは、自分の過去をいいものだとは思えない人。過去を振り返ると、嫌なことや後悔すること、不満に思うことが、記憶の底からいろいろと浮かび上がってくるでしょう。無邪気な自分の心はときに傷つけられたのに、誰もそれをケアしてくれなかったと思い込んでいるのでしょう。

でも、実際には、いいこともいろいろあったはず。そのことを見落としているか、過小評価して、あえて見ないようにしているのかもしれません。

C を選んだ人……何もかも「いい思い出」と、浅くとらえる

あなたは自分の過去についてあまり深く考えない人。ただ、何かのきっかけで思い出すことがあれば、その頃のことを知っている誰かと、共通の思い出を分かち合いたくなります。そして、「あんなこともあったね」「こんなつらいこともあったよ」と、過去の嫌なことやつらい体験は水に流し、ただ思い出を語り合って楽しむのです。

どこかお人好《よ》しのところがあって、なんでもいいほうに受け止めようとするので、そういう意味では、過去の体験からあまり学ばない人なのかもしれません。

30
TEST

長い時間をかけて、仲良くなれたお嬢様は？

あなたはメイドとして、
お屋敷のお嬢様にお仕えすることになりました。
さて、長い時間をかけて、あなたが信頼関係を作っていった
お嬢様は、どんな性格の人だったでしょうか？

A オシャレでワガママいっぱい、ちゃっかりしている。

B 真面目でよく勉強に励み、なんでも自分できちんとできた。

C 繊細で感受性が豊か、詩や音楽を愛する少し内気な少女。

D おてんばで男勝り、すぐお屋敷を抜け出してどこかに行った。

診断TEST 30

仲良くなれたお嬢様の姿から、あなたの
「解放されたがっている女の子の部分」がわかります

メイドが知っているお嬢様の性格は、あなたが自分の中で解放しきれていない女の子の部分を意味しています。

Ⓐを選んだ人……「もっと甘えたかった女の子」が飛び出したがっています

「家ではお姫様みたいにかわいがってほしかった、欲しいものはなんでも買ってほしかった。もっとワガママを聞いてほしかった。そして、もっともっと甘やかされたかった」――それが、あなたの中で解放されたがっている女の子の部分です。でも、どこかでそういう女の子の部分を抑圧したまま、今まできてしまったのでしょうね。

Ⓑを選んだ人……「向上心のある、賢い女の子」が認められたがっています

「自分は子供のときから、大人のような理性が働いていたし、何が正しいか正しくないかはちゃんとわかっていた。でも、周りの大人はそんな自分を子供扱いし、きちんと話を聞いてくれなかった。自分はもっとハードルの高いところを目指したかった。男子よりもできたと思う」――それが女の子としての自分だったのに、どこかで抑圧したまま、今でも自分の能力を磨きたい欲求がくすぶっているのかもしれませんね。

Ⓒを選んだ人……「空想的で、周りになじめないままの女の子」がいます

「自分はちょっと変わったところのある子だった。家族の誰とも性格が似てない。クラスの子たちとは話が合いそうにない。いつかきっと、どこからか誰かが現われ、私の個性を見出してくれるわ」――あなたはそんな思いを抱く空想的な女の子の部分を、結局誰もわかってくれないとあきらめたまま、大人になったのではありませんか？

Ⓓを選んだ人……「女の子らしく」という縛りから逃れたがっています

「『女の子は女の子らしく』とか、『女の子はこういうもの』という縛りから抜け出したかった。もっと自由に好きなように、興味のあることをやりたかった」――そう反発して好きにやろうとしたはずなのに、どこかで自分でも抑え込んでしまったところがある。あなたはそんな自分をエネルギー全開に、解放したいと思っているはず。

31 TEST

あなたの気持ちにフィットするほうを選んでください

Q１：人生の色は何色？
　バラ色↓Q２　　涙色↓Q３

Q２：あなたらしさは？
　笑顔と楽しいおしゃべり↓Q４　　ため息と頬杖《ほおづえ》↓Q５

Q３：遠足のお弁当といえば？
　好きな子と一緒に食べる↓Q５　　一緒に食べる子がいない↓Q６

Q４：欲しくもないプレゼントをもらったら？
　誰かにあげてしまう↓Q７　　早めにお返しする↓Q８

Q５：服や持ち物などの買い物は？
　楽しい、あれもこれも欲しくなる↓Q８
　どれにしようか、決めるまでに迷う↓Q９

Q6：親子・家族は……

守りたい・守られたい↓Q9

わかってくれない・わかり合えない↓Q10

Q7：SNSでちょっと連絡とってみようかなと思う相手は？

最近SNSによく写真をアップしている友達↓A

最近SNSにほとんど書き込みがない友達↓B

Q8：誰にも会わず何もせず一人でいると？

寂しくなる↓B　退屈してくる↓A

Q9：お金のことは？

将来やっていけるかとか、ときどき考える↓C

お金のことなんか考えたくない↓D

Q10：今どき「みんな持ってる、みんなやってる」ということは？

自分も欲しい、自分もやりたい↓C

人と同じものはいらない、同じことはしたくない↓D

診断 TEST 31

心に思い浮かぶ何気ない事柄から、あなたの

「ふだん人には隠している正真正銘の裏の顔」がわかります

Ⓐを選んだ人……明るい冷血漢

あなたは表向き、明るくフレンドリーな人。周りを楽しませ、場を盛り上げることすらできるのかもしれません。しかし、裏の顔は、他人に対する同情心や憐《あわ》れみの感情を持たず、人のことなど一切考えずに行動できる人。多少、ズルいことをしても、なぜかうまく事が運び、誰からもとがめだてされないような得な性格。でも、明るい笑顔の仮面をはずせば、感情のない冷血漢《れいけつかん》の顔が浮かび上がってくることでしょう。

Ⓑを選んだ人……優しい支配者

あなたの表の顔は、優しく思いやりのある人。誰にでも親切で、気取らず、感じのいい人と思われていることでしょう。しかしその裏の顔は、人当たりよく見せて、他人を思い通りに操《あやつ》ろうとする支配者です。特に、自分より弱い人の気持ちに取り入り、

依存させ、自分をなくてはならないものと思わせます。自分より強い人間には、うまく媚《こ》びることで相手を操ろうとします。本当は怖い裏の顔です。

Ⓒを選んだ人……臆病な独裁者

あなたは協調性のある人で、一見誠実そう。謙虚で高ぶらず、その態度振る舞いは、人に好感を与えるでしょう。しかしその裏には、人を「仲間とそれ以外の人間」、「身内と他人」に分けて考えるところが。それが極端になると、人間関係を敵味方で考え、仮想敵を作ってみんなを扇動《せんどう》することも。あなたの裏の顔は、臆病なくせに残酷になれる独裁者。本当は自分が排除《はいじょ》されるのが怖いのでしょう。

Ⓓを選んだ人……傷つきやすい妬みの神

あなたは一見、繊細で傷つきやすそうな人。しかし、それはあなたが作り上げた自己イメージにすぎません。その裏には、自分よりもてはやされている人に対して、妬《ねた》みの感情を向ける人格が潜んでいます。自分が妬んだ相手の顔を見るのも嫌、視界から消えてほしいと願います。妬みの感情ゆえに自分も苦しむことになります。

32
TEST

どのグループに入りたいですか？

ミーティングで、三つのグループに分かれて、課題をこなすことになりました。

一つのグループに20人ぐらいいます。

あなたが入りたいグループはどれですか？

A 全体的なテーマを、みんなで輪になって、誰もが自由に発言する形で討論《とうろん》しているグループ

B 絞り込んだテーマで、近くの人とペアになったり3人一組になってじっくり話しているグループ

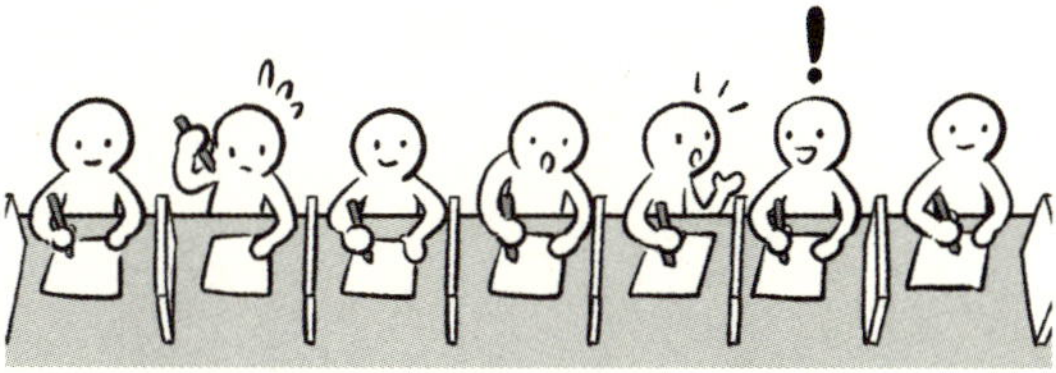

C それぞれが個別に、自分の分担の作業をして、わからないところだけ教え合うグループ

診断 TEST 32

入りたいと思うグループから、あなたが

「結婚したいと思う(結婚している)理由」がわかります

ミーティングのグループは、小さな社会を表わしています。結婚には社会的な面もあるもの。どのグループに入りたいかで、社会の関わりにおいてあなたが結婚をどうとらえているかがわかります。

Aを選んだ人……結婚は、社会的に〝安定〟するための選択

あなたは自分が社会の一員であるという自覚があるようです。結婚は二人の関係を周りの人に認めてもらうだけでなく、社会的にも承認してもらうためのものという考えがあります。シングルよりも結婚しているほうが社会的な信用も得られるし、生活も安定すると思っているのでしょう。

結婚相手も常識があり、周りの人に紹介するのに恥ずかしくない家柄や職業、収入、性格の人を選ぶでしょう。結婚はあなたにとって、社会生活を円滑《えんかつ》に送るための〝手段〟でもあるのです。

Ⓑを選んだ人……「この人が運命の相手！」と恋心でゴールイン

あなたは好きな人とでなければ、絶対に結婚できないと思っている人。恋のときめきがあってこそ、「結婚したい」相手になるのです。そのため、結婚できない相手に恋心を感じてしまったら、幸せな結婚から遠ざかりかねません。

また、いい人と結婚しても、結婚生活が長く続くと、マンネリ気分に襲われます。そんなとき、目の前にときめく相手が現われたら、「この人とやり直したい」と思うかも。でも、仮にその人と一緒になっても、ときめきはまた薄れるものです。

Ⓒを選んだ人……結婚に飛び込む〝勇気〟がなかなか持てない

あなたは「結婚できたらいいなあ」と思っていても、相手を見つけることには、それほど積極的ではなさそう。それでもやっぱり、一人より二人、結婚相手を見つけて、暮らしの上でも気持ちの上でも安定したいというのが本音。

その一方で、相手の親や親戚とのつきあいは面倒そうだし、子育ても大変なことが多そうと、想像しただけで腰が重いのでは？　この際、温和で家庭的な感じで、友達ぐらいにはなれそうな人をお見合いで探してみては？　意外と、幸せになれるかも。

33 TEST

あなたを支えてくれた、看護師さんは？

あなたは大ケガをして入院することに。

長期間のリハビリはとてもつらく、めげそうになりましたが、看護師や介護士の人たちのサポートのおかげですっかりよくなって、退院できるまでになりました。

退院の日、あなたは一番世話になった看護師さんに「退院おめでとう」と言われたとき、別れがたい気持ちになり、思わず泣きそうになってしまいました。

あなたが慕っていたその看護師は、どんな人だったでしょうか？

Ⓐ すごく厳しくて
よく叱られた。

Ⓑ いつも優しく
気をくばってくれた。

Ⓒ 細かいことにこだわ
らず豪快《ごうかい》だった。

Ⓓ よく励まし、ほめてく
れた。

診断TEST 33

慕っていた看護師像から、あなたの

「精神的に自立するために必要なこと」がわかります

看護師はケアする人。ここでは、母性的な養育者を象徴しています。

Ⓐを選んだ人……「自分に厳しくなること」が必要

あなたは厳しさを求めている人。まだまだ自分を厳しく鍛える必要があるようです。きちんと物事のけじめをつける、決まりは守る、自分を向上させるために日々コツコツと努力する、怠《なま》けない、自分を甘やかさないなど。こうしたハードルを一つひとつ越えていけば、周りから信頼と尊敬を得ることのできる人になれますよ。

Ⓑを選んだ人……たまには「自分を甘やかすこと」が必要

あなたは優しさを必要としている人。ともすると、こんなことで弱音を吐いちゃダメだとか、甘えるわけにはいかないと、自分に過酷になっているときがあるようです。あなたの中には、子供が安心して家にいるときのような安らぎを求める気持ちがあります。自分で自分を優しくケアしてあげると、もっと人にも優しくなれます。

Ⓒを選んだ人……「自分を信じる、意志の強さ」が必要

あなたは決断力を必要としている人。自分を信じ、自分のやり方を貫いていこうとする意志が必要なようです。でも、どこかで弱気になり、自分を信じ切れずにぐずぐずしてしまうのかもしれません。あなたの中には、無邪気な子供がいます。大人になったからといって、その無邪気さを抑えず、型にはまらず、自分を解放してあげて。

Ⓓを選んだ人……「たっぷり愛された、という自覚」が必要

あなたは自信を必要としている人。自分に仕事の能力があり、社会で役立てれば、自信を持って生きていけると考えています。その根底には、「お母さんにほめられたい」という欲求があり、それは実は「愛されたい」という欲求に他ならないのです。たっぷりと愛情を注がれなければ、あなたは自立できない。それを実の母親や母親に代わる人物に求めても、求めるものは得られません。あるがままの自分を受け入れ、自分は価値ある人間だと認めることが、大人になるために必要な自己愛です。

TEST 34

お気に入りの茶碗が、欠けてしまいました

長く愛用していた、
お気に入りの茶碗のふちが、
何かに当たって欠けてしまいました。

どうしますか？

A 専用の接着剤を買ってきて、直して使う。

B ふちが欠けたぐらいなら、欠けたまま使い続ける。

C 食器としては使わずに、飾っておく。

D 欠けた食器は、運気が悪そうなので捨てる。

E この際、新しいのに変えようと思って捨てる。

診断TEST 34

欠けた茶碗への対応から、あなたが

「自分の欠点をどうとらえ、直そうとするか」がわかります

お気に入りの茶碗の欠けたところは、自分の欠点を表わしています。

Ⓐを選んだ人……自分の欠点にも、他人の欠点にも厳しい！

欠点は改めなければならない、と真面目に考えている人。向上心があり、自分の至らない点を反省し、コツコツ努力を重ねていきます。同時に、他人の欠点も目についてしまい、「どうしてもっとちゃんとしないのか」と批判的になることも。

Ⓑを選んだ人……欠点を自覚していても、そのまま放置するタイプ

あまり真剣に欠点を直そうと反省する気はない人。人から欠点を指摘されたら、「うん、それはわかっている」と認めた上で、そのままスルー。むしろ、自分の欠点はわかっているけど直るようなものじゃないし、と思いたがる傾向があります。自分の苦手な分野は、他の人に任せてラクをしたいと考えるタイプ。

Ⓒを選んだ人……「わかっているけど、触れないで」とナイーブ

自分の欠点はわかっているけれど、他人には指摘されたくない人。わかっているつもりでも傷つくからです。それに人は誰でも欠点があるし、欠点があってこそ人間らしい。もし、欠点のない人がいたとしても、自分は魅力を感じないと思うという人です。

Ⓓを選んだ人……謙虚すぎるので、もう少し自信を持ってもいいかも

自分は欠点の多い人間だと思っている人。自分は欠点が多いからダメなんだと思い、自信が持てないようです。しかも、人から責められる前に「自分はこういう欠点があるから」とカミングアウトし、予防線を張ろうとします。そんな態度が、謙虚を通り越して、なんとなく卑屈《ひくつ》に見えてしまうことがあるかもしれません。

Ⓔを選んだ人……「欠点も生かしよう」と、妙にポジティブ

欠点はなかったことにできる人。考えようによっては「欠点は長所に変えられるもの」とポジティブに受け止め、都合の悪いことからは話をそらします。そのポジティブな姿勢が、あたかも向上心のある人のように印象づけることに成功しています。

35
TEST

先輩が声をかけてくれるのはうれしいけど……

仕事をしているとき、
ふだんあなたをかわいがってくれている職場の先輩（上司）に、
「やあ、頑張ってる？」
と言われて後ろからいきなり、肩をポンと叩《たた》かれました。

その力がけっこう強くて、「痛っ！」と思ったあなた。

どんな顔をして振り向いたでしょうか？

Ⓐ それでも笑顔を作って
「痛いじゃないですかあ」と言った。

Ⓑ 怒った顔で怒った声で
「痛いじゃないですか！」と言った。

Ⓒ 「痛っ！」と言って、
さも痛そうな顔をして肩をさすった。

診断 TEST 35

先輩へのリアクションから、あなたの「打たれ強さ」がわかります

先輩への態度は、ふだんからあなたが他人に対して向けている自己防衛の顔です。

Ⓐを選んだ人……周囲に泣きつくも、共感してもらえれば前向きに

人からの批判や非難を受けると、一瞬、ショックを受けて落ち込みます。一人では自分の感情を処理しきれず、「つらいよ」「もう立ち直れそうにない」などとグチや泣き言を言って、誰かに慰めてもらおうとするでしょう。

一見打たれ弱いように見えますが、「その気持ちよくわかるよ」「だいじょうぶだよ」などと慰めてもらえれば、あっという間に立ち直れます。周りの人に自分の気持ちをわかってもらえれば、叱られたことなどもすっかり忘れ、前向きになれるでしょう。打たれたことが経験値として蓄積《ちくせき》されないタイプです。

Ⓑを選んだ人……打たれれば打たれるほど、タフになるタイプ

人からの批判や非難を受けると、反射的に反撃しようとするでしょう。一見、打たれ強いように見えますが、内心では相当へこんでいます。たった一人の人から非難されただけで、まるですべての人から批判されているように感じる人。でも、その一瞬後には自己防衛の反撃に出てしまうので、打たれ強いように見えてしまいます。

打たれれば打たれるほど、打たれ強い人間になろうとし、経験値を上げていくので、心に硬い鎧《よろい》をまとったようにどんどん打たれ強い人になっていくタイプです。

Ⓒを選んだ人……心を閉ざし、徐々に内側から回復

人からの批判や非難を受けると、攻撃されたと感じ、心を閉ざします。自分の中に引きこもり、安全な場所にいようとします。一見、打たれ弱い人に見えることがありますが、実はメンタル的には〝もろいようで強い〟というところがあり、けっこう持ちこたえます。

打たれてもはね返すという強さではなく、打たれたらその力を吸収し、砂の中に水が吸い込まれてゆき、その砂がやがて固まっていくように強くなってゆくのです。

TEST 36

アルバイトにきたあなた。でも、理不尽じゃないかと思うことが……

一日2万円のアルバイトを頼まれました。

あなたが朝から働いていると、人手が足りないということで、午後から人が増やされ、同じ仕事をしました。

夕方、その場でバイト代が渡され、午後からきた人に「助かったよ」といって2万円が渡されています。

しかし、朝から働いていたあなたにも「はい、約束通りね」と、渡されたのは2万円でした。そのときのあなたの反応は、どれに近いですか？

A 自分はもっともらえるべきだと、雇《やと》い主に直接文句を言い交渉する。

B 雇い主の前では黙って受け取るが、他の人の前で不満を口にする。

C 自分は損したと思うが平静を装い、今度から自分も昼からこようと思う。

診断TEST 36

納得いかない状況での対応から、あなたの

「腹黒度」がわかります

誰も間違っているわけではないけれど、自分としてはどこか納得のいかない状況。そんなときの反応から、あなたが人の足を引っ張る人かどうかが見えてきます。

Aを選んだ人……腹黒度★　素直なあなた。裏工作なんてできない

自分の考えや主義主張をはっきり口にするあなたは、人の足を引っ張るようなことはしない人。正直で隠し事はせず、裏工作や根回しも苦手。ライバルに対しては、正々堂々と戦いを挑《いど》むでしょう。そのまっすぐさから、むしろあなたは人から足を引っ張られる可能性があります。何かよくわからない理由でうまくいかないことがあるとき、誰かが、水面下であなたの足を引っ張ろうと動いているのかもしれません。

Bを選んだ人……腹黒度★★★　気弱に見せておいて、たちが悪いタイプ

ホンネとタテマエの区別があるあなたは、出すぎたことをすると足を引っ張られるのではないかと恐れています。だから、なるべく周りの人に合わせようとします。

自分から人の足を引っ張るつもりは毛頭《もうとう》ありませんが、自分が脅威と感じる相手や苦手と感じている相手のことを、その人がいないところで、さりげなく悪く言っていることがあります。自分でもはっきりと意識はせずに、自分は弱そうに見せておいて、気に入らない相手を悪者のように言い、排除しようとする心理が働いているようです。

それをされる人からすると、一番たちが悪いと思われそう。

Ⓒを選んだ人……腹黒度★★★★★　露骨に〝ウラオモテ〟がある人

見栄っ張りで、表向きは格好をつけたいあなた。誰かと比べて、自分が負けたと思うときが一番嫌で、どうしてもその相手の足を引っ張りたくなるようです。

〝ウラオモテ〟をはっきり持ち、ライバル視している相手の前では〝いい顔〟をするのですが、本人がいないところでは、その人をかなり貶《おとし》めるようなことや、評価を下げるようなことを言うことができます。

しかし、相手に気づかれていないだろうと思っていても、人の足を引っ張るようなことをすれば、たいていどこかでバレているものです。

37
TEST

あなたを〝選ばなかった相手〟への、別れの言葉は？

婚活パーティーに出席。

あなたは、「いいな」と思った人と話をしているうちに意気投合。

最後は相手のほうから、パートナーになりたい人に、連絡先を書いたカードを渡すことになっていました。

あなたはきっと、その人からカードをもらえるだろうと思っていました。

ところが、相手は別の人をパートナーに選んだのです。

結局あなたは、パートナーを見つけることができませんでした。

他の人を選んだ相手に、あなたは一言、別れの言葉を残してその場を去りました。

その一言とは？

A 幸せになってね。

B 見る目ないわね。

C 悲しいけどさようなら。

D じゃあ……。

診断TEST 37

期待を裏切った相手への言葉から、あなたが

「自信を失ったときの過ごし方」がわかります

これはまさに期待を裏切られ、自信を打ち砕かれたときの状況。そのときどう対処するかで、自信を失ったときのあなたの精神状態が見えてきます。

Ⓐを選んだ人……〝ポジティブな仮面〟で本心を覆い隠す

自信を失ったときは、ポジティブな自分という仮面をかぶり、何も考えないようにします。心を鈍《にぶ》くして、自分と向き合わないようにするのです。だから、どうやって立ち直ろうかとか考える必要もなく、それ以前と変わらない日々を送ることができるでしょう。自分としっかり向き合うのが、本当は怖い人なのです。

Ⓑを選んだ人……怒りのエネルギーに燃え、自分で自分を励ます

自信を失ったときは、なぜか無性に自分に対して腹が立ち、何かに怒りをぶつけたくなります。一瞬、もうダメだ、どうしようもないと思いますが、すぐにこんなこと

で落ち込んではいられないと、自分自身を叱咤《しった》激励《げきれい》し、次の行動へとエネルギー全開で向かいます。その怒りの根源には傷ついた自分がいるものの、認めたくないのです。

Ⓒを選んだ人……「敗北感」に酔い、フーッとため息

自信を失ったときは、深く落ち込みます。ゆううつな気分で何もする気になれず、しばらくの間、ため息ばかりついていることでしょう。立ち直ることよりもむしろ、自信を失った状態の自分のほうがどこか自分らしく、いとおしくも感じ、敗者の美学で、自分を美化してしまいそう。

Ⓓを選んだ人……自分の〝殻〟に引きこもり、回復を図る

自信を失ったときは、まるで堅《かた》い殻《から》の中に引きこもる貝のように、自分の中に引きこもります。しかし、そこで自分と向き合うようなことはしません。どこかクールに自分を突き放し、機械のように自分を扱うことで、ネガティブな感情にとらわれず、自信回復を図るのです。あなたが恐れているのは、自分自身の弱さともろい感情。だから、心にバリアを張っているのですね。

4章

仕事・夢・才能……「これからの人生」を予言！

◆深層心理は、あなたの「未来」も知っています

38
TEST

夢を早く叶える近道は？

叶《かな》えたい夢があります。

その夢を実現するには、努力も必要だし、運も関係しています。

その他にどうすれば早く夢が叶う気がしますか？

どうするのがいいですか？

A 周りの人みんなに話してしまう。

B ごく身近な人にだけ打ち明ける。

C 誰にも話さず、自分の胸にしまっておく。

診断TEST 38
夢について人に話すかどうかから、あなたが
「仕事と家庭、どちらを重視するか」がわかります

叶えたい夢について、人に話すか話さないかで、あなたの人づきあいの傾向がわかります。そこから、あなたが結婚した後、家庭とそれ以外で、どうバランスをとるかが見えてきます。

Ⓐを選んだ人……「仕事」をしていないとダメ。家の中にいるだけじゃストレス

あなたはオープンマインドで、社会性のある人。結婚しても家にじっとしていることはできません。仕事と家庭とどちらを重視するかといえば、仕事といえるかもしれませんが、それは、仕事を通して社会とつながっていることが大事なのです。家にいると社会から切り離されてしまっているように感じるでしょう。

だから、逆に仕事はしていなくても、社会とつながっていられるような活動をしていたら、それで充実感が得られるはずです。あなたの場合は、外に出て活動するほうが精神衛生上よさそうです。

Ⓑを選んだ人……家族と友人が何より大事。「家庭」重視なタイプ

あなたは身近な人間関係を大切にする人。結婚したら、家族を中心とした生活をしながら、友人知人とのつきあいも保っていきたいタイプ。仕事か家庭かということでいえば、家庭を大事にしたいと思っているはず。

ただ、ずっと働かないで家にいることに、どこか後ろめたさを感じることがあり、働いたほうがいいのかななどと迷うときがくるでしょう。あなたにとって理想的なのは、家族や身内で小さな会社やお店を経営しているような環境です。

Ⓒを選んだ人……人生の段階による。「自分が輝ける仕事」なら続けたい

あなたはあまり人に心を開かない人。それだけ、自分の世界を大切にしているのでしょう。あなたにとって、仕事か家庭かといった選択肢は、あまり意味がないかもしれません。好きな仕事であれば、ずっと続けたいし、それほどやりたい仕事でもなければ、あっさり辞めてしまうこともあるでしょう。

あなたにとって仕事は、社会とのつながりというより、自分のスキルや得意なことを生かすことが大事になってくるはずです。

39
TEST

持ち家を一カ所、リフォームするなら？

あなたは一軒家に住んでいます。

長く住んでいるので、そろそろリフォームしたいのですが、十分な資金がなく、今回は一カ所だけ修理することにしました。

それはどこですか？

Ⓐ 玄関と外壁《がいへき》

Ⓑ 台所・風呂場水回り

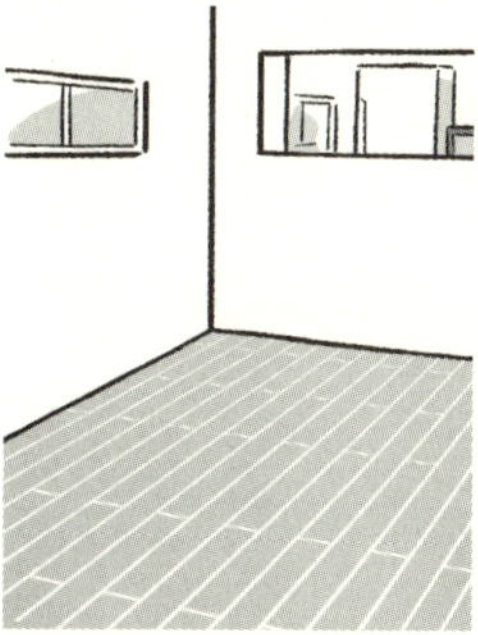

Ⓒ 床面と内壁《ないへき》

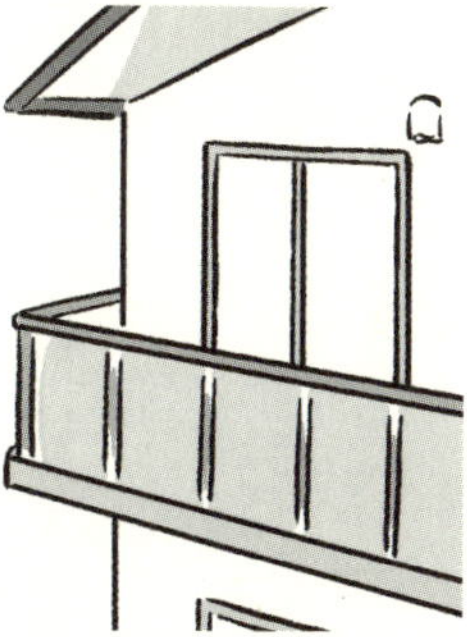

Ⓓ 屋根・ベランダ

診断 TEST 39 家のリフォーム箇所から、あなたが「どこを一番アンチエイジングしたいか」がわかります

持ち家は、あなた自身を表わしています。リフォームしたい場所は、あなたが年を重ねたとき、どこを気にするかと重なります。

Ⓐを選んだ人……顔面命！　化粧品やケア用品を集めているのでは？

外見を気にするあなたは、何よりもお顔のアンチエイジングを心がけたい人。周りの人からは「若いですね」「そんな歳には見えない」と言われるようなお顔をキープしたいはず。若々しい張りのあるお肌を保つには、メイクや化粧品だけに頼らず、いつも明るくポジティブな気持ちでいて、笑顔を絶やさないようにしましょう。

Ⓑを選んだ人……「老けて見えない服と食事」を、熱心に研究

清潔好きのあなたは、身だしなみに気をつかう人。年を重ねるごとにだらしなくならないよう、いつ誰に見られてもいいように、立ち居振る舞いも含めて、凜とした姿

を保ちます。自然食や無添加《むてんか》食品などにもこだわりを見せ、中年太りしないよう気をつけるでしょう。ただ、あまり禁欲的になりすぎるとぎすぎすしてしまうので、たまには好きなスイーツやアルコールなども楽しみ、少し自分に優しくしましょう。

Ⓒを選んだ人……スタイルを保ちたい！　日々、ジムでシェイプアップ

あなたは身体的な若々しさにこだわる人。中年体型にならないよう、ふだんからジムに通うなどして運動し、体型維持のために努力しているのでは？　ただし、体型維持のために運動をしすぎたり、無理なダイエットをしたりすると、かえって若さが失われます。若々しさを保つためには栄養バランスのとれた食事も大事です。

Ⓓを選んだ人……頭が錆びるのが恐怖。知性だけは衰えたくない

あなたは脳の老化が一番怖い、と思っているはず。頭の中が錆《さ》びつかないよう、すすんで新しい情報を取り入れているのでしょう。自分を磨くための勉強や趣味・お稽古事を続けることが、精神的な若さをキープすることにつながりそうです。脳も体の一部ですから、脳に血液が回るような呼吸法や体を動かすこともおすすめ。

40
TEST

約束していた友人がドタキャン。さて、どうする？

友人と会う約束をしていたのに、
間際になってキャンセルの連絡がありました。
すでに待ち合わせの場所に着いていたあなた。
その後、どうしますか？

A 他の友人を呼び出す。
その友人がダメなら、
他にも何人か声をかけて
誘える友人がいる。

B 家に帰って家族と過ごすか、
顔見知りの常連客などがいて
誰かとしゃべれる店に立ち寄る。

C 自分の時間ができたので、
誰とも会わずその日は一人で過ごし、
一人で行きたいところに行く。

診断TEST 40

約束をキャンセルされたときの時間の過ごし方から、あなたの

「今のままでは足りないと感じているもの」がわかります

思いがけないドタキャンをされた後に求めるものは、あなたが幸せになるために求めているものです。

Aを選んだ人……毎日をワクワクとしたものにする「刺激」が足りない

自由に好きなことができて、刺激のある人生が送れたら幸せと思っている人。あなたにとっては、同じことを繰り返す単調な毎日は限りなく退屈で、退屈はまるで緩慢《かんまん》な死のように感じるでしょう。

今のままでは、やりたいことが全部できていない。ワクワクするような出会いや体験が足りていないと感じているようです。バラ色の人生を求めて、思う存分好きなことをやり、欲しいものを手に入れるために貪欲《どんよく》に生きてみるのもいいかもしれません。

Ⓑを選んだ人……大切な人との「ぬくもりある絆」が足りない

愛する人がいてこそ、人生は幸せと思っている人。どんなに成功した人生でも、喜びを分かち合える人がいないと幸せとは思えません。誰にも理解されず、関心も持たれず、寂しい人生を送るのは耐えがたいと思っているのでしょう。

あなたが考えている愛と信頼の絆が、あなたの近しい間柄の人との間で十分に築けていないと感じているのでは？　感謝の見返りを期待せず、人のために働いてみてください。ボランティア活動は、あなたにとってきっと有意義なものになります。

Ⓒを選んだ人……他人に干渉されず「自分のペース」でいたい

あなたは、自立した生き方を求める人。互いに干渉し合わず、プライバシーを尊重し合えるような関係がいいと思っていることでしょう。おそらく、何が幸せかといったことはあまり考えないのではないでしょうか。ただ自分の世界を大切にし、マイペースで暮らすことができれば、それが一番と考えています。

今の自分に足りていないのは、もっと自分のペースで暮らせる静かな場所と時間。レンタルのプライベートな部屋やオフィスを借りるのもいいかもしれませんね。

41
TEST

かごいっぱいの野菜を、全部もらえることになったら……

実りの秋、かごの中には、
いろんな種類の果物や野菜が入っています。
農家の友人が「たくさん採《と》れたのでどうぞ」と
大きなかごを差し出しています。

あなたは何と答えたでしょうか？

A
「私はいいから、
他の人たちみんなにあげて」

B
「そんなにいらない。
必要なものだけ
少しもらっていくね」

C
「えっ、それ全部もらっていいの、
うれしい」

D
「向こうにあるのも、
どれでももらえるの？」

診断 TEST 41

かごいっぱいの野菜の受け取り方から、あなたの
「心の満たされ方」がわかります

かごいっぱいの収穫物は、豊かさの象徴です。その豊かさをどう受け止めるかで、あなた自身の心の満たされ方や欠乏しているものがわかります。

Ⓐを選んだ人……「人から感謝される」という実感が欲しい

あなたは人に分け与えられるほど、自分は豊かだと思っている人。そのため、自分は何の問題もない、むしろ、周りに困っている人がいたら助けてあげたいと思います。しかし、それは「あなたがいてくれてよかった」という感謝のお返しを期待してのこと。あなたは愛と承認に飢《う》えた人であり、それを認めない限り、あなたの豊かさは偽りの豊かさにとどまってしまいそうです。

Ⓑを選んだ人……少ないモノで満足できるけど、ケチ

あなたは多くを求めず、何かが足りないとか、もっと欲しいと欲張ることもありま

せん。なるべく少ないものでやっていこうとする、ミニマリストです。一方で、人のために自分の労力を使うことを避け、自分の持っている知識や情報、愛情すらも出しおしみする傾向があり、それがあなたをケチ臭い人間にしてしまっているのかも。

Ⓒを選んだ人……人よりとにかく「上」でありたい

あなたは手に入れたものが多ければ多いほど、人は豊かになると信じている人。一方で、何事も損得勘定ではかっているところがあります。常に人と自分を比べたり、人と競争したりすることで、どちらが上か下か、気にしています。目に見えない心の中にある豊かさというものにも目を向けてみてください。

Ⓓを選んだ人……次々に「新しいもの」を求め、満足できない

あなたはあれもこれもが欲しい人。欲しいものが欲しいぶんだけ得られることが、豊かさだと思っています。でも、何かを手に入れたらすぐまた他のものが欲しくなるあなた。目移りしやすいタイプです。今あるもので満足し、感謝できる心がなければ、本当の豊かさは得られないかもしれません。

42 TEST

道を調べておいたのに、遅刻してしまった理由

初めての場所で、午後から知り合いと仕事の打ち合わせをすることになりました。

前日、あなたは打ち合わせ場所までのルートを調べておいたにもかかわらず、当日の約束の時間に遅刻してしまいました。

その理由は何ですか？
遅れた理由を答えてください。

A 打ち合わせのための資料の準備に時間がかかって、出るのが遅れた。

B 間に合うと思って入れておいた、別の用事や打ち合わせがギリギリまでかかった。

C 地図やGPSを使っても、道がよくわからなくて迷った。

D 地図に表示されていた所要時間より、実際にはずっと時間がかかった。

診断TEST 42

遅刻の理由から、あなたの

「仕事の進め方」がわかります

目的地までのルートは、あなたの頭の中の思考のプロセスを表わしています。

Ⓐを選んだ人……プロセス重視。地道に入念に考える人

ねばり強く丹念《たんねん》に物事を考えることができる人。プロセスを大切にし、試行錯誤を繰り返しながら、長い時間をかけて結論を探っていきます。さまざまな可能性や他者の考え方も念頭に置き、丁寧に論理を組み立てていくことができます。地道な作業の結果、内容の充実した仕事が完成するでしょう。

Ⓑを選んだ人……スピードと見栄え重視！　でもときどき詰めが甘い

あなたは合理的に物事を考える人。できるだけ効率よく、結果や結論にたどり着くためのプロセスを見つけます。自分の考えを、図式で目で見てわかるように組み立てたり、人の関心を惹くキャッチーな言葉で説明したりして、イメージを喚起《かんき》し、自分の考えていることを伝えます。ただ、結論にたどり着くまでのプロセスや内容が薄くなってしまう場合があるので、手抜きのない誠実な仕事をしたいものです。

Ⓒを選んだ人……アイディアが多すぎて、収拾がつかない!?

考えようとすると、同時にいろんな考えが浮かんでくる人。頭の中は活性化しているのに、考えがまとまらず、どこから手を付けたらいいのかわからない状態になります。焦《あせ》れば焦るほど、雑念が湧いてくるでしょう。考え方の筋道《すじみち》を教えてくれるマトリックスやロジックツリーを使って、自分の考えをまとめていくとよいでしょう。

Ⓓを選んだ人……カンが働き、大局を見られる。でも細かい作業はダメ

考える前から結論を急ぐ人です。プロセス抜きで結論に至ろうとするため、発想が単純で短絡《たんらく》的になりがちです。しかしその一方で、考えなくてもわかるといった直感が働くことも。大きなビジョンを描くことは得意です。ただ、綿密《めんみつ》な論理の組み立てができないので、実際よりもちょっと頭が悪そうに見えてしまうかも。細かいところを埋めていく仕事は、自分でやらず、他の人に預けたほうがいいかもしれません。

43
TEST

魔王の前から、逃れる方法は？

あなたはRPG（ロールプレイングゲーム）をしています。
魔王の城に忍《しの》び込んだあなたのアバターが、
魔王の手下に見つかり、魔王の前に引き出されました。

とらえた者は、誰でも首をはねてしまうという残酷な魔王です。

あなたのアバターが助かるためには、四つの方法のうちどれか一つを試すしかありません。失敗すると即刻首をはねられます。

さて、あなたはどの方法を試してみますか？

Ⓐ ひたすら魔王を笑わせ、魔王が笑い疲れした隙《すき》に逃げ出す。

Ⓑ 「自分には愛する人がいる。魔王にも大切な人がいるはず」と、情に訴える。

Ⓒ 「自分の首をはねたら、必ず災《わざわ》いが起こる。また仲間が復讐《ふくしゅう》する」と匂わせる。

Ⓓ 「助けてくれたら、代わりに自分の宝物をすべて渡す」と取引を持ちかける。

診断TEST 43

魔王への対処法から、あなたに

「向いている仕事・向かない仕事」がわかります

魔王はピンチの象徴。その切り抜け方から、あなたの自己アピールの仕方がわかり、その延長線上にある適職までも見えてきます。

Ⓐを選んだ人……「アイディア勝負な職種」で本領発揮

エンターテイナーなあなたに向いているのは、企画やアイディアを出す仕事です。新製品をデモンストレーションしながら、顧客に売り込むような仕事も向いています。旅行関連やお祭りなどのイベントに関連する仕事も向いていそうです。

一方で、事前の根回しや後処理が面倒な交渉事などは向きません。また、悩み事の相談に乗るような仕事でも、親身になることが難しいでしょう。コツコツと一つのことをねばり強く続けなければならないような地味な仕事も向きません。

Ⓑを選んだ人……人と触れ合い、感謝される仕事が天職

情の深いあなたは、人と関わる仕事が向いているようです。おもてなしの精神が大事な接客業など、相手にいい印象を与え、気くばりを必要とするような仕事です。小さい子供の養育や介護福祉などの仕事も向いています。「ありがとう」「あなたのおかげで助かったわ」と言われることに、やりがいや生きがいを感じられるでしょう。かゆいところに手の届くようなサービスができ、なくてはならない人物になれます。

向かないのは、一日中誰ともしゃべらず、パソコンにひたすらデータを打ち込んでいるような仕事。人と関わる仕事でも、借金の取り立てなどは向きません。

Ⓒを選んだ人……起業もあり！　能動的に成果を出す仕事向き

エネルギッシュなあなたに向いているのは、独立してやっていく仕事です。仕事の内容よりも、働き方の形態が、自営業やフリーランスの仕事に向いているようです。たとえば、取材記者や、ウェブでアクセス数を稼ぐライターなど。あるいは、自分の力で統括《とうかつ》できる範囲の小さな会社を経営するのもいいかもしれません。

また、整体師、得意な運動の指導者・コーチなど、健康的な生活を維持していくためのライフスタイルを提案するような仕事にも向いています。

向かないのは、繊細な気くばりと洗練された物腰《ものごし》が要求されるような、高級感のある店の経営や接客の仕事です。

Ⓓを選んだ人……「華やかで、目立つ職業」なら、なんでも

あなたは、人前に立つ仕事が向いています。人前で自分をアピールし、皆から注目を浴びるような仕事に生きがいを感じます。

司会業やセミナー講師をはじめ、どんな職業でも人から「カリスマ」と呼ばれるような仕事なら、やりがいを感じるはず。カリスマ店員、カリスマ美容師、カリスマ経営者など。営業やセールスの仕事も向いています。その仕事によって、どんどん自分のステイタスを上げたいので、有名人との交際を好むでしょう。

向かないのは、縁の下の力持ちのような目立たない仕事。また、すぐに結果の出ない、緻密《ちみつ》さや精密さが要求される技術職なども不向きです。

44
TEST

長いトンネルを通過するとき、何をして過ごす？

あなたの乗った列車は今、長い長いトンネルの中。トンネルの中は電波が届かないので、携帯電話もメールもつながりません。あなたは何をしていますか？

A 暗い窓に映る自分を、ぼんやり見つめている。
B 本を読んだり、イヤホンで音楽を聴いたりしている。
C 目を閉じて、何も考えずぼうっとしている。
D 食べ物・飲み物を取り出し、お弁当やおやつを食べている。

診断TEST 44

トンネルでの過ごし方から、あなたの

「人生に迷う時期の過ごし方」がわかります

トンネルの中は、先が見えない人生を表わしています。選んだ答えから、あなたが人生に迷うとき、どんなふうにしているかがわかります。

Ⓐを選んだ人……ひたすら自分を見つめ、答えを見出す

人生に迷うとき、あなたは少し内向的になります。そして、自分の人生を見つめ直すでしょう。これまでの自分の生き方を振り返り、このままでいいのだろうかと、自分自身に問い直すのです。もしかしたら、もっと自分らしい生き方ができるのではないかと考え、自分探しに興味を持つかもしれません。すぐには答えが出ないかもしれませんが、自分をごまかすことなく生きる道を見出すことができるでしょう。

Ⓑを選んだ人……〝憧れの存在〟からヒントを得る

人生に迷うとき、あなたは少し感傷的になります。そして、自分が共感できる生き方をしている作家や思想家、アーティスト、アスリートなどの生き方からヒントを得て、自分が一番好きなことや得意なことをやってみようと決意するでしょう。ただ、なかなか実行に移す勇気が持てないことも。身近に応援してくれる人が必要です。

Ⓒを選んだ人……生活しているうちに、ふと迷いが晴れる

人生に迷うとき、あなたはどうしたらいいかわかりません。考えてもいいアイディアが浮かばず、そのまま時をやり過ごし、今の生活を続けていくことになります。しかし、あるときふと、「そうだ、こうしよう」と自分の中から欲求が湧いてきて、その欲求に従うことで、いつのまにか迷いから脱せられそうです。

Ⓓを選んだ人……夢を見すぎず、現実と折り合いをつける

人生に迷うときも、あなたは日々の生活を続けなければならないことがわかっています。まず体力、健康、働いて得るお金が必要――そういった現実的なことを踏まえて、これからどうやっていこうかと考え、行動するでしょう。そして、やりたいことやれることとの間で折り合いをつけ、そこそこ充実した日々を送っていけます。

TEST 45

その一言で、「やる気」が湧いてきたのは？

あなたは自分でビジネスを始めることにしました。

やり方がわからないので、
個人で起業する人たちを集めたセミナーに、受講料を支払って参加し、
講師からいろんなことを学びました。

講師の話の中で、あなたを一番やる気にさせたのは、
どんな言葉だったでしょうか？

Ⓐ あなたも勝ち、私も勝ちという、ウインウイン（win-win）の関係を目指しましょう。

Ⓑ ギブ-アンド-テイク（give and take）、持ちつ持たれつで、利益を共有していきましょう。

Ⓒ ニッチ（niche）な分野（大企業が相手にしない、潜在的ニーズのある分野）で、あなたの得意を生かして、一人勝ちを目指しましょう。

診断 TEST 45

あなたのやる気スイッチを押した言葉から、あなたが

「能力を発揮するためにやる価値のあること」がわかります

ビジネスについて語る講師の心惹かれた言葉から、「あなたの能力の傾向」が見え、そこから逆に「まだ磨かれていない能力」も見えてきます。

Ⓐを選んだ人……他の人の〝マネジメント〟も手がけてみる

あなたは社会で評価され、注目を浴びたい人。自分が中心になって皆を引っ張っていく、リーダーやトップの位置につきたいと思っているのでしょう。

しかし、自分中心の発想だけで行動していては、早晩《そうばん》行き詰まるかもしれません。あなたはむしろ、自分より才能のある人を見出し、その人の能力や魅力をうまく引き出すことにかけて手腕《しゅわん》がありそう。他人を売り込んでいくマネジャーのようなポジションのほうが、より本来の実力を発揮できるかもしれません。

Bを選んだ人……周囲に遠慮せず、「自分がやりたいこと」をやる

あなたは人づきあいを大切にしたい人。仕事も人間関係で成り立っていると感じているのでしょう。そのため、割に合わないことでも引き受けてしまったり、人に頼まれると嫌と言えなかったりと、自分のことは二の次にしているかもしれません。

あなたはもっと、自分の才能を表現したほうがいいでしょう。モノ作りや手芸・アート、料理、歌や踊り・ダンスなど、なんであれ得意なことを趣味のレベルにとどめずに、仕事にも生かせるように磨いていくとよいでしょう。

Cを選んだ人……いつでも〝相談できる相手〟を確保しておく

あなたは固定観念にとらわれず、広い視野で物事を考える人。基本的にマイペースで、何事も自分のやり方で行なっていこうとします。直感的なひらめきや論理的に物事をとらえる能力はあるようですが、決断を迫られると、焦って思考力が鈍り、後で「しまった！」と思うようなことをしてしまう場合があるようです。

自分の考えや決断が現実に即《そく》しているかどうか話せる、信用できる相談相手を見つけておくとよいでしょう。考えが迷走しそうになったときの軌道《きどう》修正ができます。

46
TEST

過酷な環境下でも「燃えていた執念」は……？

あなたは無実の罪で捕えられ、終身刑を言い渡されて、絶海《ぜっかい》の孤島《ことう》にある牢獄《ろうごく》に送られました。

なんとか生き延びて、島を出ようと決意したあなた。

過酷な環境の中でついに脱獄し、
もとの世界に戻ることができたのは、
ただただこの島を出て、あることを果たすという思いや執念《しゅうねん》があったからです。
その思いや執念とは、いったいどんなことだったのでしょうか？

A 必ず、無実の罪を晴らしてみせるという執念

B 必ず、自分を陥《おとしい》れた人間に復讐するという執念

C 必ず、愛する人や家族のもとに帰りたいという執念

診断TEST 46
極限の環境下で燃やしていた執念から、あなたの「人生で恐れていること」がわかります

完全に自由を奪われた状態のあなたを、自由へとかり立てる思いから、あなたが一番恐れていること、人生で避けたいことがわかります。

Ⓐを選んだ人……間違いを犯し、人から批判されることが怖い

あなたは、自分が間違いを犯《おか》すことを恐れています。仕事や勉強での間違いだけではなく、道徳的にも間違いを犯してはならないと思っています。自分はいつも正しい選択をし、正しい人間でありたいと思っている、とても正義感の強い人です。

そこで、あなたは何事も完璧にやろうとして、常に歯を食いしばったような緊張状態を続けているのかもしれません。ちょっとぐらい間違ってもいいじゃないか、少しぐらい堕落《だらく》していてもいいじゃないかとは、到底思えないようです。

B を選んだ人……自分が弱い人間になるのは、我慢できない

あなたは、自分が弱い人間であることを恐れています。世の中は弱肉強食で、弱い人間は食い物にされると思うからです。それゆえ、自分は誰の世話にもならず、自立した生き方をしようとするでしょう。たとえ失敗しても、自業自得と思います。

世の中は強者の論理で動いているので、この世界を生き抜こうとすれば、自分も強くなる以外にないと思っているのでしょう。そのため、他人の優しさを心から信じられず、自分の中にある繊細さも認めたくないようです。

C を選んだ人……孤独に人生を過ごすのは、耐えられない

あなたは見捨てられることを恐れています。もし、自分が誰からも顧《かえり》みられず、たった一人でこの世の中に放り出されたらどうしようと思っているのでしょう。

だから、一生一人で生きていかなくてもいいように結婚したいし、老後が寂しくならないように子供が欲しいし、万が一、結婚相手が見つからなければ、親しい友人や仲間とシェアハウスで暮らすのもいいかもしれないなどと思っているのでは？「おひとり様」の未来など、想像しただけで不安になりそうです。

47
TEST

今、あなたが歩いている方向は？

あなたは、今、どこかに向かって歩いているところです。

それはⓐ、ⓑのうち、どちらですか？

a

b

診断TEST 47 abどちらを選んだかで、あなたが「意識が未来に向きやすいか、過去に向きやすいか」がわかります

縦書きの日本語で書かれた本書を読んでこられた読者にとって、右から左への動きは未来に向かうイメージ、左から右への流れは過去へ向かうイメージです。そこから、あなたの時間意識の流れを診断しましょう。

aを選んだ人……未来志向。ただ、「計画好き」が裏目に出ることも

今のあなたは、未来に意識が向きやすいようです。これから先のことを考えたり、まだ起きていないことをあれこれ空想することがよくあるのではないでしょうか。ときに、実行するよりもプランだけが先行し、計画倒れになってしまうことがあるかもしれません。また、まだ起きていないことを考えると、これから体験することが怖く思えたり、不安になってくることもあるでしょう。

そういうときは、お腹から深く深呼吸し、頭の中を鎮《しず》めて、自分自身を落ち着かせましょう。考えすぎるよりも、何も考えず、頭の中が鎮まっているときのほうが、よ

い考えやひらめきがもたらされます。

b を選んだ人……過去志向。「前例」にこだわりすぎる面も

今のあなたは、過去に意識が向きやすいようです。先のことを考えるより、昔のことを思い浮かべることのほうが多いのではないでしょうか。

何かを判断するときにも、過去の体験や記憶に基づいて判断していることが多いのでは？　そのため、過去にこだわりすぎ、考え方が型にはまってしまったり、新しい考えを受け入れられなかったりすることがあるかもしれません。

過去のことは、事実そのものではなく、あなたの中で反芻《はんすう》されている〝過去についての物語〟です。

もしかしたら、過去は自分がこれまで考えてきた通りの過去ではなく、別の解釈もあったのではないかと、「過去の可能性」に思いをはせるとき、あなたの人生はより豊かさを増してくるのではないでしょうか。

48
TEST

道の先の空に浮かんでいるのは？

47のテストでⓐⓑどちらに答えた人も、
今はⓐの道を歩いていると想像してみてください。
その先の空に浮かんでいるものは何でしょうか。
何が見えますか？

ア　太陽

イ　月

ウ　星

エ　雲

オ　虹《にじ》

診断 TEST 48

空に浮かぶものから、あなたが
「未来に期待していること」がわかります

選んだシンボルの持つ意味が、あなたが未来に求めるものを暗示します。

ア を選んだ人……誰の目から見ても「成功した未来」が欲しい

未来を現実的にとらえ、目標に向け行動できる人。まさに自分が明るく輝く太陽のように輝ける、成功した人生を求めています。仕事や意義のある活動に積極的に関わり、人から期待されるポジションにつける、豊かで余裕のある人生を望んでいる人。

イ を選んだ人……神秘的な〝つながり〟と出会いたい

まだ見ぬ未来にロマンチックな期待を寄せている人。神秘的な体験や存在との出会いに期待しています。月は西欧《せいおう》の昔から、ルナティック・マインドといって、狂気と関連づけられていました。あなたの中にも、どこか魔法《マジック》のような狂おしいものに魅了される心があるのでしょう。

ウを選んだ人……いつか、この世界の〝真実〟に触れたい

未来に導きを求める人。星の光は何億光年もの彼方《かなた》からやってくるもの。あなたは真実を知りたいという探求心を持ち、自分が生きていくための知恵を求めます。社会に出て自分の役割を担《にな》い、人と交わり、生きる知恵を獲得していくことができます。

エを選んだ人……心穏やかに、平和な未来を望んでいる

平和な未来を望んでいる人。それこそ、空に浮かぶ雲のように、あくせくせず、のんびり、ゆったり暮らせたらそれが一番。自分の周りのどこでも、争いや諍《いさか》いがあるのは嫌だと思っています。空想が現実逃避にならないよう、注意力も養《やしな》って。

オを選んだ人……「きっといいことが待ってる！」という予感

未来に明るい希望を抱いている人。あなたにとって未来は、まさに雨上がりの空に浮かぶ虹のように、輝きに満ちたものです。ポジティブシンキングで、嫌なことがあってもめげることなく、いいほうに向かうことを信じて行動できます。その未来を自分の手でつかむため、新しいことにもトライできるでしょう。

49 TEST

あなたが家に向かう時間帯は？

47のテストでⓐⓑどちらに答えた人も、
ここではⓑの道を歩いていると想像してみてください。
あなたが向かっている先には、あなたの家があります。
あなたが歩いている今の時間帯は、いつ頃ですか？
次の四つの中から選んでください。

ア 朝

イ 昼

ウ 夕方

エ 夜

診断 TEST 49
家に向かう時間帯から、あなたの
「これまでの自分への自己評価」がわかります

進行方向は過去。その延長線上にある家は、「これまでのあなた」を意味します。

ア を選んだ人……過去の自分は「黒歴史」と思っている

あなたは自分の過去について、何か後ろめたい気持ちになることがあるのでは？ あんなことしなければよかった、あんなこと言わなければよかった、あんな人とつきあわなければよかったと、過去を思い出すと、意気消沈するタイプ。そんな自分を受け入れ、あのときはそれでも精いっぱいだったと認めて、許してあげましょう。

イ を選んだ人……過去の自分は「今の原点」と思っている

あなたは過去の自分を吹っ切れず、過去の思いにとどまっているのでは？ 「以前はこうだったから」「自分はこういう人だから」「あの人はそういう人だから」と、今現在の判断ではなく、過去の記憶から判断していそう。そんなふうに過去にこだわっていると、それが精神的な停滞《ていたい》を生みます。今現在は、周りの状況も、あなた自身もまた他の人も、過去とは違っているはず。変化を受け入れましょう。

ウを選んだ人……過去の自分について「もう過ぎたこと」と思っている

あなたは現在のことで精いっぱいのようです。ふだんはあまり過去の自分のことを思い出し、深く後悔するようなことはなさそう。たとえ、後悔することがあったとしても、「もう過ぎたことだし」「後悔しても始まらない」と言い聞かせ、過去を手放そうとするのでしょう。

エを選んだ人……過去の自分は「よく頑張ってきた」と思っている

あなたは過去のことを振り返る余裕がなさそうです。毎日がいっぱいいっぱいで忙しく、それなりに充実した生活を送っているようです。自分はこれまで自分なりに精いっぱいやってきたつもりだし、自分がやってきたことに対して、人に文句を言われたり、責められる筋合いはないと思っているはず。そういうふうに思うことで、自分で自分を責めることもやめようとしているのでしょう。

50
TEST

「視線」を意識するのは、どんなとき？

まなざし、視線についての質問です。

視線というものについて、
あなたが一番意識するのはどんなことですか？

あなたの視線はどこに向いていますか？

Ⓐ 人から見られている自分

Ⓑ 人から離れて全体を眺めている自分

Ⓒ 自分の中の自分を見つめる自分

Ⓓ 周りの人の反応を見ている自分

診断 TEST 50

どういうまなざしを意識しやすいかで、あなたの
「こうありたいという自分像」がわかります

視線への意識から、あなたが自分と世界をどう認識しているかがわかります。そこから、あなたが自分をどのような存在と思い込んでいるか、またどうすればあなたの世界がより広がるかが見えてきます。

Aを選んだ人……「周囲に称賛され、認められる自分」でいたい

あなたは、自分のことを魅力的で有能な人間だと思っているはず。自分は普通の人より優れている、だから注目されると感じているのでしょう。そのため、自分を持ち上げ、ほめてくれる人が好きで、ほめ言葉やお世辞を鵜呑《うの》みにしがちです。

あなたが自分についている嘘《うそ》は、劣等感なんて感じたことがないということ。なぜなら、劣等感は劣った人が持つ感情だから。しかし、もっと自分を掘り下げ、自分の中の劣等感を認めれば、より深みのある人間になれるかもしれません。

Ⓑを選んだ人……「冷静で、頭のいい自分」でいたい

あなたは自分のことを理性的な人間だと思っているはず。冷静に物事をとらえ、客観的な判断が下せる人間だと思っているのでしょう。あなたにとって他人は無意味に興奮し、感情のままに突っ走る頭の悪い生き物。世の中には愚《おろ》かな人が多いと感じていることでしょう。

しかし実は、あなたが理性を働かせ、判断できることはそれほど多くないはず。自分が興味のある分野のことはよくわかっているかもしれませんが、広い世界のことには、他の人と同じように無知なところがあるはずです。自分の無知に気づき〝無知の知〟に至れば、もっと賢くなれるでしょう。

Ⓒを選んだ人……「非凡な才能のある自分」でいたい

あなたは、自分には何か特別な才能があると思っているはず。今はまだ人に認められていないけれど、その才能がなかなか世に出ないのは、世間の人に見る目がないからだと思っているのではないでしょうか。

しかし実は、あなたの想像力も、自分が思っているほどユニークなものではなく、他の人が考えているのと同じように俗《ぞく》っぽい内容だったり、他人に対する妬みやゴシップ記事レベルの内容でできているのかもしれません。むしろ、他者の個性や才能を認め理解しようとすることが、自分の才能を磨いていくことにつながるでしょう。

Dを選んだ人……「空気を読め、場を乱さない自分」でいたい

あなたは、自分を協調性があり、周りのことを考えて行動できる人間だと思っているはず。自分はいつも場の空気を読んでいると思っているのでしょう。あなたにとって、ルールを守らない非常識な人や、人の和を乱す自分勝手な人は許しがたいもの。「もっと空気読めよ」と言いたくなるかもしれません。

しかし、あなた自身、本当に場の空気が読めているでしょうか。気に入らない人間を仲間外れにしたり、友人や仲間とそれ以外の人を区別し、身内とそれ以外といった見方をしていることはありませんか？　落ち着いて自分自身を観察すれば、無意識のうちにとっていた自分の態度に気づき、きっと器の大きな人間になれるでしょう。

本書は、本文庫のために書き下ろされたものです。

不思議《ふしぎ》なほど当《あ》たりすぎる心理《しんり》テスト

著者　中嶋真澄（なかじま・ますみ）
発行者　押鐘太陽
発行所　株式会社三笠書房
〒102-0072 東京都千代田区飯田橋3-3-1
電話　03-5226-5734（営業部）03-5226-5731（編集部）
http://www.mikasashobo.co.jp
印刷　誠宏印刷
製本　ナショナル製本

 ISBN978-4-8379-6880-1 C0111

王様文庫

心が「ほっ」とするほとけさまの50の話

岡本一志

生活、人づきあい、自分のこと、どんな問題にも、ほとけさまは「答え」を示しています！　◎「運が悪い」なんて、本当にある？　◎家族・友人――「釣った魚」にこそ餌をあげよう　◎「自業自得」の本当の意味からわかること……「よい心持ち」で毎日を過ごせるヒント！

空間心理カウンセラーの「いいこと」が次々起こる片づけの法則

伊藤勇司

「心」と「部屋」には不思議なつながりがあります！　空間を整えて、人生を「開運」に導くコツが満載！　◎「きれいにしても、すぐ散らかる」の解決法　◎なぜ「最初に手をつけるべき」は玄関なのか　◎「床磨き」の気持ちよさがもたらす効果……この〝快感〟をあなたにも！

心が「ほっ」とする小さな気くばり

岩下宣子

「気持ち」を丁寧に表わす65のヒント。　◎人の名前を大切に扱う　◎手間をかけて「心」を贈る　◎ネガティブ言葉はポジティブ言葉に　◎相手の「密かな自慢」に気づく　◎「ありがとう」は二度言う　……感じがよくて「気がきく人」は、ここを忘れない。

K30471

王様文庫

つい、「気にしすぎ」てしまう人へ

水島広子

こころの健康クリニック院長が教える、モヤモヤをスッキリ手放すヒント。◎「他人の目」が気にならなくなるコツ　◎「相手は困っているだけ」と考える　◎「不安のメガネ」を外してみる……etc.　もっと気持ちよく、しなやかに生きるための本。

いちいち気にしない心が手に入る本

内藤誼人

対人心理学のスペシャリストが教える「何があっても受け流せる」心理学。◎「マイナスの感情」をはびこらせない　◎〝胸を張る〟だけで、こんなに変わる　◎「自分だって捨てたもんじゃない」と思うコツ……etc.「心を変える」方法をマスターできる本！

ちょっとだけ・こっそり・素早く「言い返す」技術

ゆうきゆう

仕事でプライベートで──無神経な言動を繰り返すあの人、この人に「そのひと言」で、人間関係がみるみるラクになる！　＊たちまち形勢が逆転する「絶妙な切り返し術」　＊キツい攻撃も「巧みにかわす」テクニック……人づきあいにはこの〝賢さ〟が必要です！

K30467

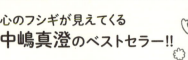